元教師が教える

1日10分で稼げる世界一やさしい株式投資法

三澤たかのり
チャート波形専門家
Takanori Misawa

ビーパブリッシング

はじめに

「人生は変えられる」。今、あらためて、しみじみとそんなことを感じたりします。

私は現在、株式投資で得る利益で生計を立てています。おかげさまで、かつかつの生活ではなく、それなりのゆとりを持ち、将来への備えとしての資産を形成できるようなところまで、利益を出せるようになりました。

自分で株式投資をするばかりではなく、現在では運営しているスクールや、ＹｏｕＴｕｂｅｒとしての活動を通して、多くの方に株式投資を指南するような役割も担っています。

とはいえ、私自身、株式投資は全くの初心者から始めました。

そのため、初めは失敗をしましたが、それにめげずに糧にすることで、月利５％～10％を視野に入れて、資産を増やすことができたのです。それだけ成功することができたのは、株の価格の動きというのはただ不規則なものではなく、そこに「一定の動き＝法則」があることに気づいたからです。法則を発見できたからこそ、私の手法は勉強しさえすれば誰でも身につけて利益を出すことができるのです。

また、三澤流トレードでは、株に費やす時間は「1日10分」しか、かかりません。本業があり、日々忙しい人でも1日10分を確保できれば、十分に利益を出すことができるのです。株で利益を出すために、わざわざ専業トレーダーになる必要はありません。「本業は辞めずに、副業として株で利益を出し、人生の選択肢を増やす」というのが本書を執筆した一番の目的なのです。

まず、無料動画講座に必ずご参加ください。
〝1日10分〟三澤流スイングトレードの極意が学べる、
無料オンライン動画講座

本書では、三澤流スイングトレードの基礎的な部分や「法則」をお伝えしていますが、書籍という体裁上、テキストのみでの説明となっております。今回の無料オンライン講座では、「動画」を使いながら解説をしています。三澤流株トレードで利益を生み出すための近道となりますので、ぜひ、「オンライン動画」を御覧ください。この動画講座では、「3年で1億円の資産を作る方法」「2秒でできる銘柄選定」「移動平均線の応用&新手法」「トレード練習方法」など、書籍では書ききれなかった内容を無料で公開しています。

左ページのQRコードを読み取り、メールアドレスを入力していただければ、すぐにオンライン講座を受講できますので、この機会に学んでいただければと思います。

目次

はじめに…… 2

第1章　なぜ株式投資で人生を変えることができたのか？…… 11

■投資を始めるまで…… 12
■毎日が不安だった教員時代…… 13
■初めての副業は転売でした…… 15
■1年半の専業トレーダー時代、そして挫折…… 16
■1日10分でできるトレードスタイルを確立…… 18
■頭が良い人ほど失敗する…… 22
■株で勝つ秘訣はスポーツと同じ…… 23
■株の練習ができるデモトレツールをプレゼント…… 24
■QRコードの読み取りで期間限定でプレゼント…… 25

第2章 「1日10分」でOK! 三澤流スイングトレードの真髄 …… 27

■チャートを「絵」で見る …… 28
■チャートを「絵」として見るメリット① ファンダメンタルズがいらない …… 30
■チャートを「絵」として見るメリット② 再現性がある …… 33
■日足を使ってチャートを見ていく …… 36
■チャートチェックは「1日に1度、10分」だけ …… 38
■銘柄選択は株の優等生「JPX400」の中から選ぶ …… 42
■スイングトレードは「トレンドに順張り」が王道 …… 48

第3章 武器は移動平均線! 知っておきたい株式投資の基礎 …… 55

■まずは「移動平均線」「ローソク足」について理解して基礎を身につける …… 56
○ローソク足 …… 58
○移動平均線 …… 63

○現物、信用取引の違い……66
○空売りを使って「上げ」と「下げ」どちらでも利益が出せる……69
○信用取引は「効率がいい」……72
○デメリット込みでも信用取引はやる価値がある……75

第4章　移動平均線とローソク足がカギ！「7つのルール」で稼ぐ……77

■ルール①　5日移動平均線を価格が上抜け・下抜け……80
■ルール②　20日移動平均線での「反発」……85
■ルール③　水平線の上抜け・下抜け……87
■ルール④　スラストアップ（スラストダウン）の完成……90
■ルール⑤　ローマ字の完成……92
■ルール⑥　三尊・逆三尊の完成……95
■ルール⑦　ボリンジャーバンドの±3σにタッチ……98

第5章　すぐに役立つ実践トレーニング……105

■7つのルールは何度も反復しながら理解する……106
■5日移動平均線……107
■20日移動平均線……110
■水平線……113
■スラストアップ・スラストダウン……116
■ローマ字……120
■三尊・逆三尊……122
■ボリンジャーバンド……125
■実践問題集にチャレンジ……128
勝ちパターンを見抜く！　鉄板チャート早見表7選……150

第6章　Q&A・みんなの疑問に答えます……155

Q　これから株式投資を始めようと思っています。
初心者でも、株式投資で結果を出すことはできますか？……156
Q　株式投資を始めたいと思っています。最初に用意する資金は、いくらくらい必要ですか？……156
Q　どの銘柄を買えばよいでしょうか？……157
Q　「株の取引をするなら経済新聞やニュースにしっかり目を通せ」と言われました。
たくさん情報があって大変ですが、どのように取捨選択し、何を参考にすればよいでしょうか？……159
Q　どれくらい練習すればよいのでしょうか？……160
Q　どうやって練習すればいいのでしょうか？……161
Q　三澤流テクニカル指標の「設定値」を知るためには？……162
Q　会社に勤務していて、売買の時間をあまりとることができません。
勤務の合い間というのも難しいです。それでも株式投資を行うことは可能でしょうか？……164

おわりに……166

第1章

なぜ株式投資で人生を変えることができたのか？

■投資を始めるまで

さて、先程は株式投資で利益が得られるようになった経験も併せて、私が現在、兼業投資家として活動している事をお伝えしましたが、本書を読んでいる皆さんの中には「本当にそんな法則があるの？」「自分も利益を上げられるのか…」といった感想を持つ人もいるかもしれません。

確かにその不安は十分に理解できます。というのも、私自身、株式投資と出会う前まで、言ってしまえば「ごくごく普通」の人生を送ってきましたし、凄腕の投資家さんのように特別なスキルが備わっていたというわけではないからです。

ただ、そんな「普通」の人間が、経済的余裕を持ちつつ、人生を楽しむためには何をすれば良いのかを考え、必死に株式投資の技術を身につけたことで、今の結果があるというだけなのです。

つまり、株式投資の経験がない人や、投資や金融に関することに難しさを感じている人でも、技術さえ身につけてしまえば、どんな人でも必ず株式投資で勝てるようになりますし、そのために私も本書のような書籍をはじめ、ＹｏｕＴｕｂｅやスクールなどで情報発信を行っているのです。

そこで、少し私の人となりを知っていただくために、私がこれまでどのような歩みをしてきたのかをお話しさせていただきます。

毎日が不安だった教員時代

今の立場からギャップがあるかもしれませんが、私は元々、２０１１年から教員（学校の先生）として、21～24歳までのおおよそ3年間働いていました。

ただ、教員の仕事は正規採用ではなく臨時だったため、週に3回ほどの勤務で10万円程度の収入にしかならず、高校時代にバスケットボール部に所属していた経験を活かし、副業として地元のバスケットボールチームのコーチを引き受け、そちらで約10万円というような形で働いていました。

教員の時給が２０２５円だったので、バスケットボールのコーチも併せて一番収入があるときでも月に25万円程度がＭＡＸ。

そんな状況だったので人並みに生活はできていましたが、漠然と将来には不安を感じていました。

その不安を解消するためにも「もっと収入を増やさないと」と考え、教員とバスケットボールのコーチに加えて、近所の牛丼屋で夜中の23時～3時までアルバイトをし、1日の食事は学校で出る給食と牛丼屋で出る賄いで済ませて節約というような生活を数年続けることになりました。

このような状況だったので、当時はとにかく時間に追われていて、20代前半の若者なりに遊んだという記憶もほとんどありません。


ただ、そんな生活でも幸運なことにある女性とお付き合いする機会があり、同棲するようになったのですが、そうした生活を続けていくなかで徐々に結婚を意識し始めたタイミングでふと、

「教員という仕事をやっていて、長年の夢だった子供達と触れ合う時間が増えた」

「でも、こんなに時間に追われる生活をしていたら、自分の子供の授業参観にも行けないじゃないか」

ということを考えるようになったのです。

時間がないだけならまだマシかもしれませんが、金銭的に余裕がなければ子供の習い事や、親がさせてあげたいこともままなりません。

教育者のはしくれであるのに、自分の子供の将来が時間的・金銭的な理由で制限されてしまうという現状に矛盾を感じてしまったのです。

初めての副業は転売でした

そうした思いから、より効率的かつ時間的な拘束なしに稼ぐ収入源を見つける必要があると考えた結果、最初に手を出したのが「転売ビジネス」でした。

最初は自分で本を買って勉強しとりあえずやってみたのですが、上手く軌道に乗らず、転売ビジネスのノウハウを教えるスクールに通い、帰宅後の22時から1時間程度だけでも毎日地道に取り組んでいた結果、始めて1年半で300万円ほどの収益を出せるようになりました。

ただ、教員という世界は非常に特殊で、転売のような副業や投資といったやり方でお金を稼ぐことが好まれない空気があり、うっかりこの話を学校でしてしまったことで、徐々に職場で人間関係が悪くなっていったため、「これ（転売）1本で食べていこう」と考えて2014年3月に退職しました。

そうして意気揚々と独立し、実際に継続して利益も出せてはいたのですが、当時から転売ビジネスはサラリーマンでもできる副業として非常に人気もあり、参入する人口も多くなってきたことでライバルが増えてしまったのです。

転売というのは要は物売りですから、同じ地区にスーパーが乱立すると最終的に値下げ競争で勝負するのと同じで、新しい商品を見つけても利益が上がらないため、転売ビジネスに限界を感じ「商品に頼らず、自分だけで稼ぐ力を身につける必要がある」と考えるようになりました。

■1年半の専業トレーダー時代、そして挫折

次に考えたのが転売をやっていたころから興味があったWEBを活用したビジネスで、自分でWEB広告代理店を立ち上げたりと色々とやる中で、色々な人に出会うことができ、現在につながる人脈ができたことは非常に有益だったと考えています。

また、このとき生命保険の勉強をする機会があり、保険の営業マンのプレゼンで生命保険の中に「運用型」があることを知りました。運用型というのは学資保険のように一定期間お金を積立てていき、利息もつくので、場合によっては払った以上のお金が返ってくる可能性もある保険の一種です。

当時の私にとって、この「運用する」という考え方は非常に新鮮で、このことがきっかけで投資に興味を持つようになったのです。

自分で投資について色々と調べていく中でまず知ったのがFX（外国為替証拠金取引）で、自分の事業をやるかたわらトレードの勉強を始め、チャートの読み方など基本的な部分を身につけていきました。ただ、2015年末に広告代理店のビジネスの業績が悪くなってしまい、一時的には上手くいくこともありましたが、短命に終わってしまったことで、私の中で「長く継続して収益を得られる手段を得たい」という思いが強くなっていったのです。

また、これまでビジネスにかかりっきりで、自分の時間というのもほとんど取れませんでしたし、月並みですが、オシャレなカフェで日中優雅に仕事をしているようなライフスタイルにも憧れがあったこともあり、「経済的・時間的な余裕のどちらも叶えるにはどうすればいいのだろう」と考えていたときに、バスケットボール関連のつながりで、株で月に1000万円を稼いでいる投資家さんと出会うことになります。

元々FXを勉強していたことを彼に話すと「FXのチャートが見れるなら、株もやったらいいんじゃない？」とアドバイスを受け、それがきっかけで彼の元で勉強させてもらうようになりました。本格的に投資を始め、２０１６年はＦＸとバイナリーオプションという2軸でほぼ1年間、専業トレーダーとして活動した後、彼に教えてもらって以降は、そこに株も加える形でトレードを行うことになりました。

当時はＦＸ、バイナリー、株どれも市場が開いている時間は常に画面に張り付き、細かな値動きが出ればそれを取っていくデイトレードのスタイルでした。まさに「専業トレーダー」という状態で聞こえはいいですが、実際には机や椅子などで寝ることも多く、そのせいで余計に眠る時間もなくなるような状況で、結果的に今まで以上に疲弊することになってしまいました。

■1日10分でできるトレードスタイルを確立

ただ、この期間は非常に学びが多く、投資を含め私の人生において何が重要なのか？という部分を冷静に考えさせてくれるきっかけにもなっています。

投資というのは本質的に、勉強や仕事のように「やればやるだけ結果が出る」というものではありませんし、デイトレードをして常に相場に張り付いていた過去の私のように取引回数が多いから儲かるという世界ではありません。

つまり、1回のトレードの結果ではなく、「長期間の保有を前提として、自分の総合的な資産をどの程度の利回りで増やせているのか?」という部分が投資では最も重要で、これが金融の原理原則だと気づいたのです。

ただ、そうはいっても、2020年3月に起きたコロナショックでは、どんな優良銘柄でも暴落したという事例があるように、一度買ったら数年放置しておくというやり方は、世の中の情勢次第でパフォーマンスが大きく変わってくるため、ある程度自分で区切っていく裁量も必要だと考え、ここで行きついたのが現在私が実践しているスイングトレードだったのです。

私はテクニカルだけを見てトレードしているので、1日あたりおよそ10分程度の時間があればチャートのチェックはすべて終わるため、画面に張り付く必要がなく、自分の時間も確保しつつ利益を出すことができるのです。

実際、私が月利5%～10%を視野に入れて、資産を増やすことができたのも、現在のスイングトレードに移行してからのものですし、自分の時間が確保できたことによって、精神的な余裕につながり、トレードに集中できた結果だと考えています。

また、デイトレード時代は短期で値動きの激しい銘柄でトレードすることも多くありましたが、スイングトレードに移行するにあたって、トレードする銘柄も業績や経営が安定している「ＪＰＸ400」という経済指標の中から選ぶことによって（詳細は第2章で解説します）、中長期でトレンドが出る銘柄を見つけやすくなったことも、安定したトレードにつながっています。

私の現在のトレードをざっくり言うと、

- **分析手法⇓テクニカルのみ**
- **トレードスタイル⇓スイングトレード**
- **銘柄選択⇓ＪＰＸ４００**

という3つの柱で行っているのですが、ファンダメンタル投資のように業績などの難しい数字を扱う必要もありませんし、アナリストの意見を聞かなくても、チャートに現れる「パターン」を見つけるだけで売買するタイミングを判断することができます。

また、選ぶ銘柄もJPX400の中からなので、どの銘柄も初心者の人でも安心してトレードできるようなものばかりです。

つまり、自分で言うのもなんですが、私のトレード手法はこれから投資を始めてみようと考えている初心者の方にピッタリという自負がありますし、結果にもつながりやすいので、是非この機会に本書を読んで勉強して欲しいのです。

この3つの柱について、初めて読んだ人にとっては聞きなれない用語が並んでいるので、第2章で詳しく説明していきます。

■頭が良い人ほど失敗する

株で1億円以上の資産を生み出す人って「天才」「センスのある人」「有名大学出身」など、とにかく頭が良い人だから結果が出せるんだろうと思っている人が多いと思うんですね。凡人が挑戦してみると損をしてしまうのが投資の世界というイメージがあるのではないかと。

立派な企業に就職したり、有名大学に合格することがゴールなのであれば、毎日勉強をし続けることで結果が出ると思います。

でも、株式投資だけは別なのです。有名企業に努めてても、東大出身だとしても、周りから頭が良いと思われている人でもサクッと簡単に負けてしまう世界です。

なぜなら、頭の良い人はすぐに「わかった気になる」からです。基本や基礎を教えただけで「自分ならこうするな」と簡単に自分流にルールをアレンジしたりする人が多く、一番大切な練習や訓練を疎かにしてしまいます。

もう答えを言ってしまいましたが、株で勝つために大切なのは「勉強ではなく〝練習〟」なんです。だからこそ、自分のことを頭が良いと思っている人は決して株で勝ち続けることは不可能です。

■株で勝つ秘訣はスポーツと同じ

株式投資は頭が良くて勉強ができる人が勝ち残れる世界ではありません。ではどうやれば勝ち続けることができるのか？　株式投資で利益を生み出し続けられるのか？　それはスポーツの世界と同じで、プロ野球選手を目指すのならば「日々の積み重ね」つまり練習をやり続けられる人こそが生き残れる世界です。

僕も株式投資を始めたての頃、一撃で200万円以上の損失を出したことがあるのですが、そのときに実感したことは「自分流」では絶対に勝てない。学校の先生のようにプロからスキルを学ぶ必要があると感じて、当時の師匠から学びを得ました。

そこからは、なぜ負けたのか？　なぜ勝てたのか？　上がるか下がるかの投資の世界だからこそ、毎日チャートを見て「どう動くのか？」予想をする練習を何千回と繰り返したんですね。そうしたことで「このチャートの形なら上昇しそうだな」とパッと見た瞬間でわかるようにまで成長することができました。つまり、株で勝つために頭の良さは一切必要なくて、繰り返し練習を積み重ねることに秘密があるのです。

■株の練習ができるデモトレツールをプレゼント

僕が当時行っていた練習方法はチャート画像を何枚も印刷して、ペンでチェックするアナログな練習方法をやっていました。

これはとてもいい練習になるのですが、如何せん印刷したりするのがかなり面倒なんですよね。なので練習をオススメはしているものの、もっと気軽に練習できる方法はないかと思い「自作のデモトレードツール」を作りました。

これ、かなり画期的なデモトレツールなのですが、「お金を入れた感覚で練習ができる」ツールなのです。

100株エントリーしたら10000円儲かる。というのが視覚でパッと見て理解することができます。

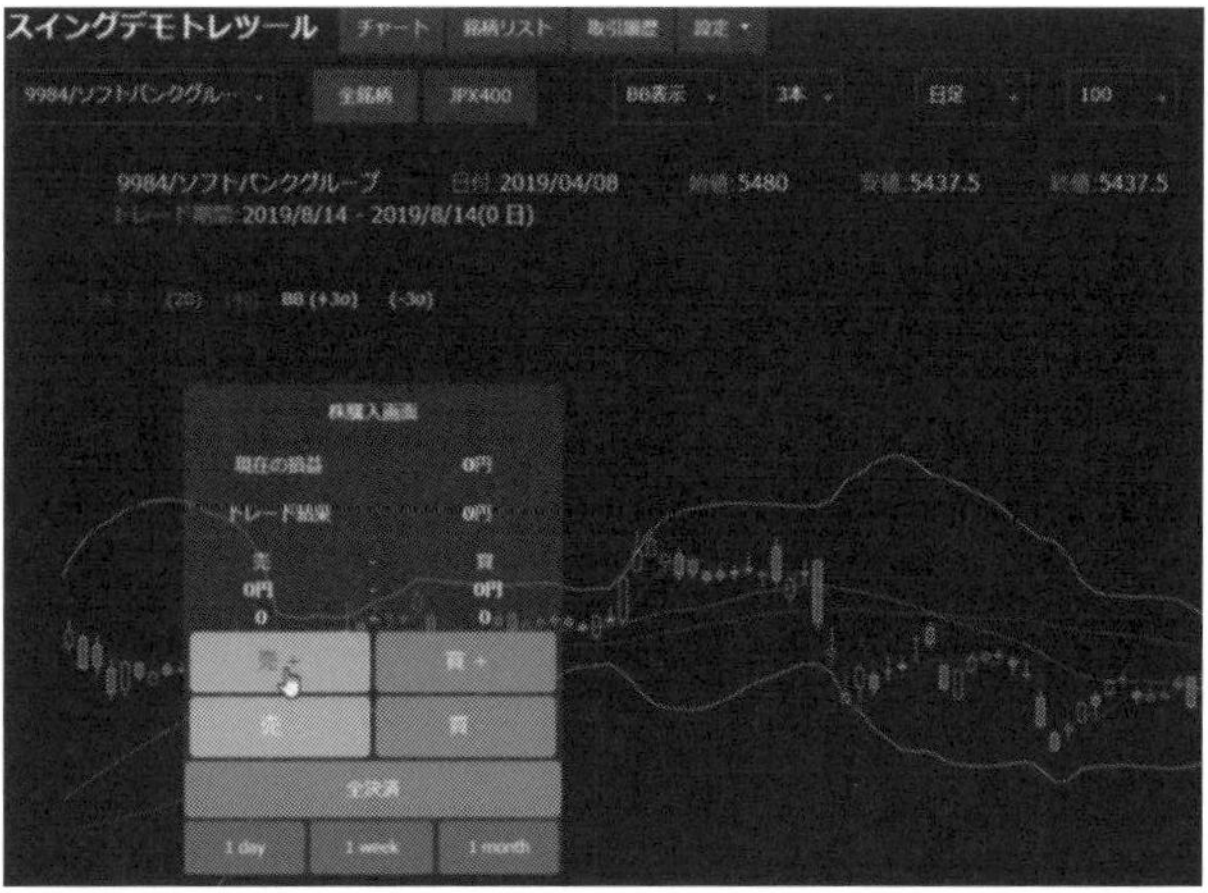

エントリーも利益確定のやり方もボタンひとつで出来るので、かなり良い練習ができるツールです。

今回せっかく僕の書籍を手にとって頂いたので、その御礼にデモトレツールをプレゼントすることにしました。(利用期間が限定されてるモデルをお渡しします)

■QRコードの読み取りで期間限定でプレゼント

こちらのQRコードを読み取っていただくことで、メールアドレス宛にデモトレツールと使い方を収録した動画をお送りするので、ぜひ手にとって練習してみてください。

もちろんどんなやり方で練習するのか？　というのは、この書籍に載っているノウハウや、無料でトレード手法が学べるオンライン講座もご用意しているので、見てみてください。

勝率7割を越える
「負けない技術」を教えます！

第2章

「1日10分」でOK！三澤流スイングトレードの真髄

■チャートを「絵」で見る

先ほど私のトレード手法は「初心者の方にピッタリ」とお伝えしましたが、ここからの解説を読んでいただければ、あながち大げさな表現ではないと理解してもらえると思います。

というのも、三澤流トレードはチャートを分析して、トレードする銘柄・そのタイミングを判断するわけですが、そうした手法を使う上で私が最も重要なポイントとして考えているのが「チャートを絵で見る」という点だからです。

次の画像は三澤流トレードで買いエントリーサインが出ているチャートの例ですが、これは実際に私がトレードで使っているPC画面に表示させているものと、全く同じ要素が表示されています。

この画面を見て、チャートを使った分析をした経験がある読者の方の中には、「えっ？　こんなシンプルなチャートで分析しているの？」という印象を受ける人もいるかもしれません。

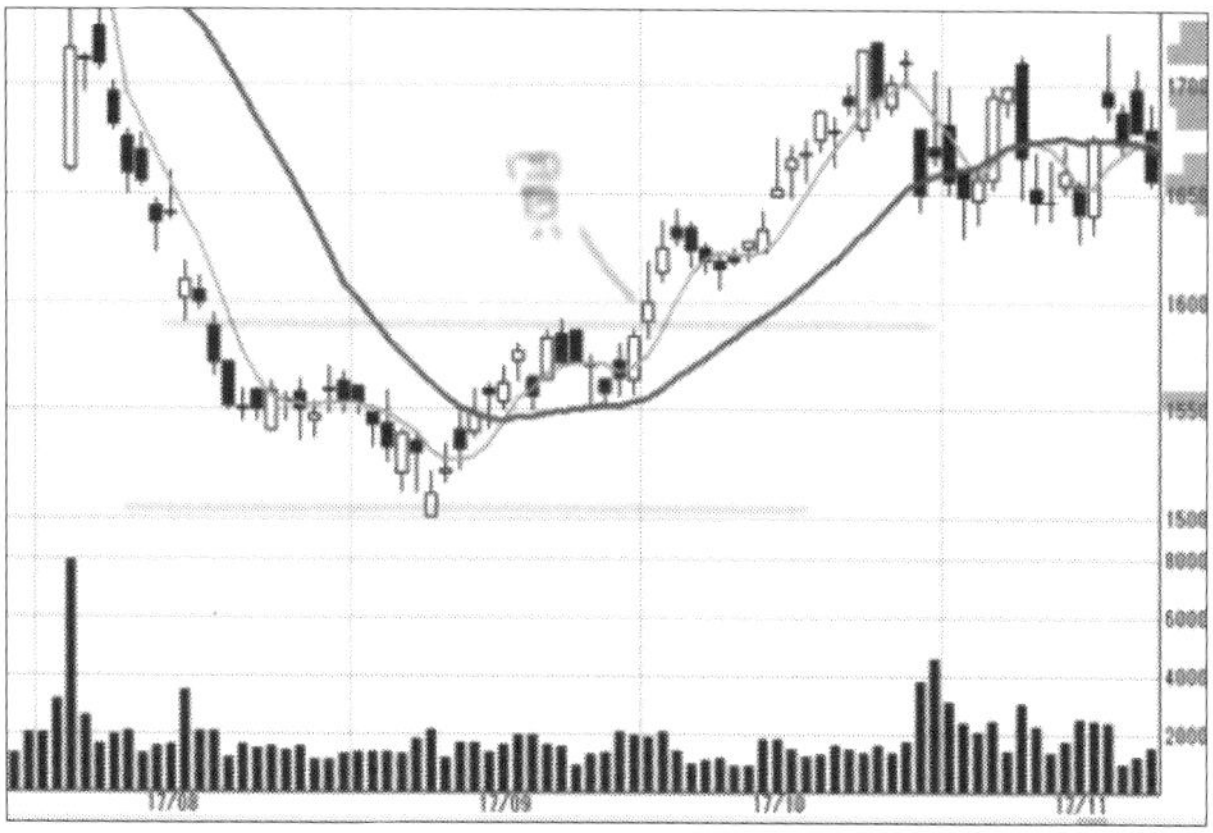

▲三澤流トレードでエントリーサインが出ているチャート

そうなのです。三澤流トレードでは、「ローソク足・チャート形状・移動平均線」という3つの要素だけでトレードする銘柄とそのタイミングを判断し、冒頭に紹介したような利益を出すことができているのです。

逆に言えば、ここにRSIなどのオシレーター系の指標などを足してしまうと、判断を複雑にしてしまう原因になってしまうので、そうした要素は必要ないと考えています。

つまり、三澤流トレードで使用するチャートは誰が見ても「シンプル」と感じることができるように、表示する要素を最低限に絞っているので非常に導入が簡単なのです。

また、先ほどのチャートにはエントリーするポイントに「買」と入れてあります。しかしこれは、この銘柄の業績が良かったとか、そうした理由でたまたま買ったというわけではなく、チャート上で、移動平均線の向き・ローソク足の形・チャート形状から見て、上昇する可能性が高いため、買いの判断をしたのです。

ということは、仮に他の銘柄で先ほどのチャートと全く同じ（もしくは似たような）形が出ていれば、同じように買うことができます。

つまり、三澤流トレードでは、チャートに表示されるローソク足・チャート形状・移動平均線の3つの要素を「絵」として見て、条件が整った場合のみ買いや空売りの判断を行います。

■チャートを「絵」として見るメリット①　ファンダメンタルズがいらない

再三ですが、三澤流では特定の絵が出たときだけトレードをするので、「いつ買って、いつ売るのか」は、基本的にすべてチャートを見て判断します。

ということは、先ほど紹介した事例のようなチャートが別の銘柄で出た場合も、当然、買いの判断をするわけです。

読者の方の中にも思い当たるフシがある人も多いかと思いますが、株を始めるにあたって「株の教科書」のような初心者向けの書籍や、ネット記事などを見て勉強することになると思います。

そうした教材では必ず、企業の財務や経営状況、相場の情勢等を見て、今後伸びそうな企業を分析する「ファンダメンタルズ分析」が紹介されていますし、ファンダメンタルズ分析は株式投資をするなら必須の要素と考えてしまいがちです。

確かに、数年のような長いスパンで見ると、業績は株価に反映されていくので、「業績の良い企業=株価の上がる企業」と判断するのも間違いではありません。

ただ、企業の業績の良し悪しを判断して、一人前に結果が出せるようになるには、経験がない人にとってみれば全く新しい言語を習得するくらい難しい作業が必要になります。

また、日本国内には株式を公開して日本取引所グループ、（ＪＰＸ）に上場している企業は

	テクニカル分析	ファンダメンタルズ分析
メリット	●比較的必要な知識が少なくて済む（三澤流であれば移動平均線、ローソク足、チャート形状だけ） ●「絵」で見ることで初心者でも理解できる ●個別の事情を考える必要がない（再現性がある）	業績は長期的に見れば株価に反映される ➡個別にしっかりと見ていく力がつけば有効
デメリット	なし	●分析する力がつくまでに時間がかかる ●上手く結果がでないと他人の判断に頼りがち ●必要な知識が多い（個別に事情が変わる）

2022年8月29日時点で3827社あるため、「そもそも、どの企業を分析するか」を決めるためにも非常に労力がかかるのです。

株式投資というのは、株を始めて1日目の人と、キャリア数十年のプロが同じ土俵で戦うものです。

確かにファンダメンタルズも極めればもちろん武器にはなります。ただそれまでに非常に時間がかかるので、その間に上手く結果が出ず、自分で判断する根拠を見失ってしまうことが多いですし、SNSなどで煽り銘柄に手を出す初心者の方をこれまで何人も見てきました。

そうして、自分の判断に根拠がなく自信を持てないまま相場に参加していると、最終的にカモにされてしまうのが相場の恐ろしさです。

チャートを「絵」として見るメリット② 再現性がある

少し話が脱線してしまいましたが、少なくとも、本書を読んでいる皆さんにはそうなって欲しくないですし、だからこそ私の使っているテクニカルを学んでいただきたいのです。

結局のところ、チャート上で、それぞれの銘柄の「絵」を見て売買の判断をすると、材料にするべきは「今、形が整っているかどうか?」という部分だけで、「業績が良いから長期的に株価が上がるだろう」「今期の決算は数字が良くないから短期的に株価が下がるだろう」といったファンダメンタルズを考慮する必要がなくなります。

そもそも、一括りに「上場企業」といえど、たとえ同業種であっても、製品や経営スタイル、企業文化などを考えると、全く同じ企業は存在しません。

ということは「過去にA社が夏に業績が回復し、株価もそれに伴って上昇した」という事例があっ

①

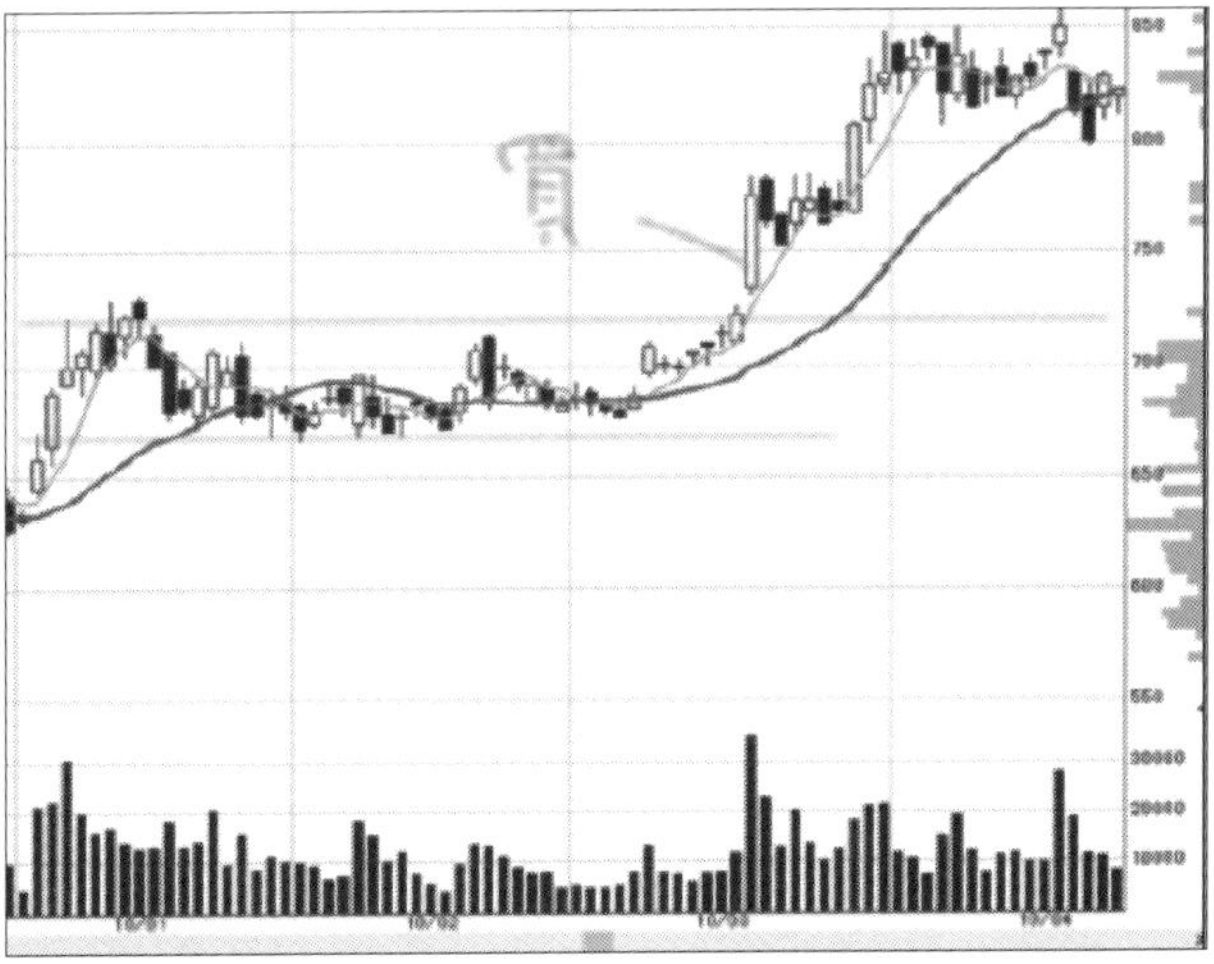

ても、それを同業のB社に当てはめてその株を買うには、根拠としては乏しいでしょう。

その意味で、ファンダメンタルズ分析には「Aになったら B になる」という再現性を求めるのは難しいですが、テクニカルであれば、同じチャートの形なら、どんな銘柄を選んでも一緒なのです。

例えば上に表示した①と②の画像は、それぞれ別の会社のチャートなのですが、買いエントリーのサインがほとんど同じ場所で出ていることがわかります。

このことからも、テクニカル分析であれば銘柄は違えど、チャートの形が同じであればエントリーする基準になるのです。

②

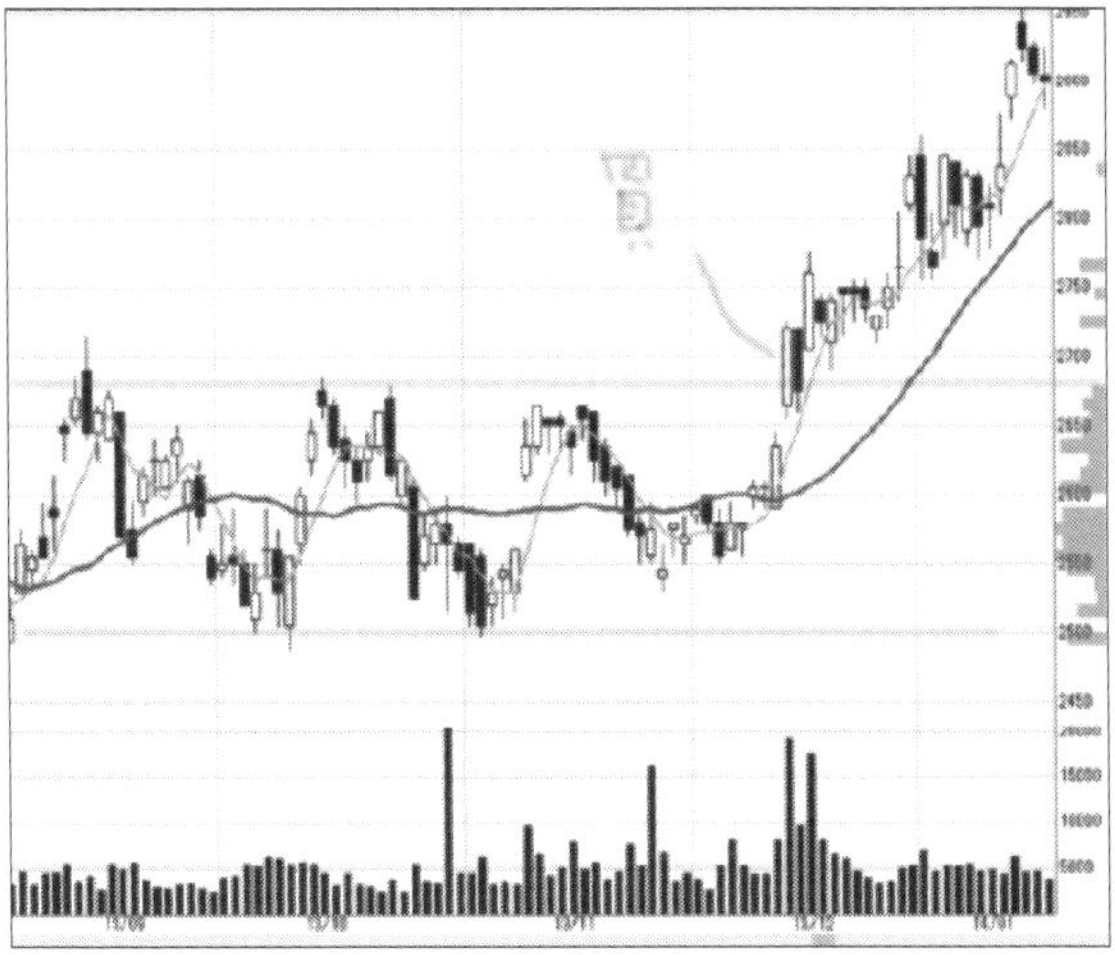

したがって、テクニカルを使ってトレードを行う場合は、

①ローソク足・チャート形状・移動平均線、これら3つの原理原則を知る

②その上で、それらを組み合わせる

という手順で学んでいけば、私と同じようにチャートを「絵」として、トレードすべきタイミングがわかるようになります。

それぞれ、具体的にどう見ていくかは第3章以降で詳しく解説しています。まずここでは、私がなぜテクニカルのみを使ってトレードしているのか？という部分を理解していただければ十分です。

■日足を使ってチャートを見ていく

「どの銘柄にどのタイミングでエントリーするのか」を判断する方法をここまで説明してきましたが、私のトレード手法におけるもう一つのポイントは「日足だけを見てスイングトレードを行う」という点です。

スイングトレードを採用している理由は第1章で説明した通りなのですが、デイトレードから移行するにあたって、私が最も重要視したのは「いかにチャート画面を見る時間を減らすか」でした。

そこで、まず実行したのがチェックする「チャートの時間軸」を変えることでした。

初心者の方向けに説明しておくと、先ほど出したようなチャート画面に表示されているローソク足は、その一つ一つが一定の時間内（「時間軸」とも言います）の値動きを表していて、例えば、

・15分の値動きを表すローソク足＝15分足
・1時間の値動きを表すローソク足＝1時間足

・1日の値動きを表すローソク足＝日足

というような区別がされています。

デイトレードでは細かな値動きの変化を追っていくため、5分に一度、15分に一度といったペースでチャート画面を見る必要があります（実際には、市場が開いている間ずっと監視していることになりますが……）。

ただ、数日～数週間といったスパンで取引を行うスイングトレードであれば、チェックするのは日足、週足、月足というような、比較的長い時間軸のローソク足だけで十分です。また、3つの時間軸しか見ないので判断がシンプルというメリットもあります。

仮に4時間足でも、株式市場が開いている時間は9時～15時までなので、実質2本分を見るだけで済みますが、私は極力チャートを見る時間を減らして、そのぶん精度の高いエントリーを行うことに力を入れているので、分足、時間足のような短い時間軸は一切見ず、日足だけに集中しています。

■チャートチェックは「1日に一度、10分」だけ

さて、そうした考え方のもと、1日一度のチャートチェックを行っていくわけですが、実際の動きとしては以下のようになります。

15:00

後場（昼休み後～15時）が終わり、日足が確定したらチャートチェック開始

←

15:05

JPX400（後述）の中から機械的に先ほど解説したチャートの形が整っていない銘柄を除外していく

←

15:10
選別した銘柄の中から形が整ってエントリーできそうな銘柄と、形が整いそうな銘柄を分ける

←

14:30
前日選別した銘柄の価格が基準点まで伸びたら成り行きでエントリー、利確できそうな銘柄があれば利確の注文を出す

←

15:00
日足が確定したら、また銘柄の選別

←

以下繰り返し

元々、チャートをチェックするのは後述のＪＰＸ４００という経済指標に採用されている４００銘柄の中から選ぶので、「４００個の銘柄を確認するなんて大変だ……」と感じると思います。

ただ、後場が終わった時点で、そもそもチャートの形が整っていない銘柄は除外された状態でスタートします。そのため実際には平均して20～30銘柄の中から、次の日にエントリーできそうな銘柄を探すことの方が多く、短いときには10分程度で作業が終わってしまいます。

私の場合は後場が終わる直前の14時半～15時の間でチャートチェックを行いますが、「日中は仕事があって時間が取れない」という方は、寝る前にやっていただいても構いませんし、「朝の方が集中できる」という方は普段より少し早起きして、時間を作ってチェックするという形でも問題ありません。

つまり、三澤流であれば「1日に1回、10分」で「どんな銘柄にどんなタイミングでトレードするか」を判断できるのです。したがって仕事や家事で忙しく日中に時間を作りづらい人でも、人生の時間を犠牲にせず、株式投資で稼いでいくことが可能です。

実際の所、通勤途中や仕事や家事の合間をぬってデイトレードしている兼業トレーダーの方の話を聞くことも多いですが、株式相場というのはその道のプロがしのぎを削って参戦している場所です。

そうしたプロと兼業トレーダーが同じ土俵で戦うというのは、正直なところかなり不利な勝負だと思います。

過去の私のように、専業でやると決意して毎日ガッチリ相場に張り付いて、トレードできる環境がある方ならまだしも（疲弊しきってしまうというデメリットはありますが……）、「値動きが気になって仕事に集中できない」「仕事中に相場が急変して含み損を抱えてしまう」といったことで、本業に支障をきたしてしまうのは本末転倒です。

スイングトレード＋三澤流チャート分析であれば、プロと違う土俵で勝負ができますし、トレードのために使う時間も、極力少なくて済みます。

株式投資によって利益を得たいと本気で考えているのであれば、「自分はどこで勝負するのか？」を意識することがとても重要なのです。

ここが三澤流でトレードする最大のメリットだと考えています。

■銘柄選択は株の優等生「JPX400」の中から選ぶ

三澤流ではどの銘柄をトレードするかをチャートで判断する、ということは先ほどからお伝えしているように私の投資の大原則になっています。

ただ、皆さんもご存知のように、国内で株式市場に上場していて、私たちが自由にトレードできる銘柄というのは約３７００社あります。

株式投資を学んでいる皆さんであれば、『会社四季報』という情報誌を一度は読んだことがあるかと思います。

四季報は本の見開き2ページに4銘柄ずつ会社の業績等が紹介されていて、ファンダメンタルズ分析には必須の書籍なのですが、やはり３０００社を超える会社の情報を掲載すると、あのような分厚さになってしまうわけです。

当然、三澤流チャート分析を使って効率的にチャートを見ていったとしても、どんなに頑張っても数時間は掛かってしまうわけで、それを毎日継続していくのは無理があります（実際に試してみると

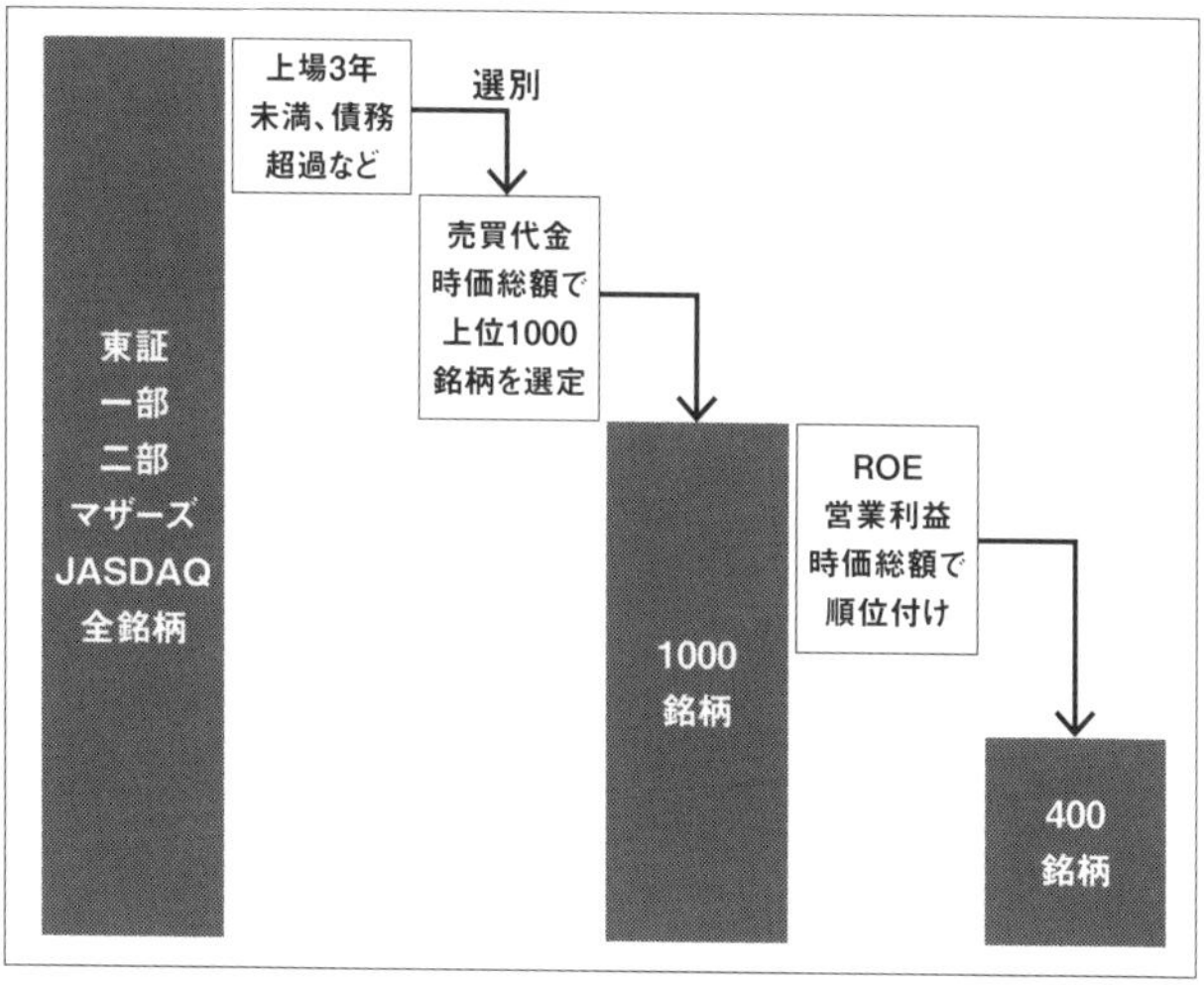

実感できると思います……）。

そうした単純な時間の面ももちろんそうですが、一言で「上場企業」と言っても、ソフトバンクグループなど日経平均株価に採用されている銘柄から、不祥事や業績の悪化で明日にも上場廃止されそうな銘柄まで、株式というのは本当にピンキリの世界です。

また、ある程度トレードする資金量が大きくなってくると、取引している人が極端に少ない企業の株は、たとえ安い価格で買うことができて順調に上昇したとしても、高値で買ってくれる人がいない場合、売って利確することができなくなる可能性があります。

その場合、そのまま値下がりしていくのを指を咥えて待つしかありません。

こうした「流動性の低い銘柄」のトレードは、いくらチャートの形が良くても避ける必要があるので、そもそも分析する手間自体が無駄になります。

したがって、チャートを使って分析していく三澤流トレードであっても、

- **業績が悪い、経営が安定しない銘柄**
- **誰もトレードしていないような（流動性や出来高が低い）銘柄**に関してはそもそも除外して、それ以外の銘柄を分析する必要があるのです。

ただ、そうは言っても、特に業績や経営の面を一つ一つ見始めるとファンダメンタルズ分析の領域に入ってしまいます。チャート分析が基本なので、材料が増えると判断が複雑になってしまいますし、そうならないためにどうすればいいだろう？　と考えた結果が、

「ＪＰＸ４００から銘柄選択を行う」

という方法だったのです。

▲ JPX400の構成銘柄はここで確認することができる

先ほどから何度か出てきている「ＪＰＸ４００」について、初めて聞くという方も多いと思うので、基本的な説明をさせてもらいます。

ＪＰＸ４００はざっくり言うと、皆さんもご存知の「日経平均株価」や「ＴＯＰＩＸ（東証株価指数）」といった、株価指数の仲間です。

株価指数というのは、株式市場全体がどのような状態なのかを一目で知るためのもので、例えば、日経平均株価が１日で１０００円上昇すると、その日の株式市場が全体的に買われているということがわかります。

株式指数はそれぞれで計算方式や採用する銘柄が異なり、日経平均株価であれば、東証一部上場企業の中から、日本経済新聞社が２２５銘柄を選び指数化したものですし、ＴＯＰＩＸは東京証券取引市場が、東証一部上場の全企業を対象に指数化しています。

では、他にも色々と株価指数がある中、なぜ私がＪＰＸ４００を選んだのかと言うと、ＪＰＸ４００に採用されている銘柄は「株式市場の優等生」が多かったからです。

「優等生」というと少しフワッとしたイメージですが、要は、

・ある程度、業績や経営が安定していて倒産や上場廃止のリスクが少ない
・一定の流動性があり、出来高が安定している＝トレードする資金量が多くても「売れない」といったリスクが少ない

という条件を満たした４００銘柄が採用されているということなのです。

Ｐ43の図はＪＰＸ４００の採用基準をざっくりとまとめたもので、ここでは仕組み自体を厳密に理

▲ JPX400銘柄の一つ AGC（5201）のチャート

解する必要はありません。

要は、約3700社の中から、

・経営が安定している
・流動性がある
・効率的に経営ができている

という「3つの基準にしたがって、厳選された400社」というのがJPX400の中身なので、先ほどお伝えした、

・業績が悪い、経営が安定しない銘柄
・誰もトレードしていないような（流動性や出来高が低い）銘柄

を避けるにはピッタリなのです。

実際、JPX400が持つ優れた特長はGPIF（年金積立金管理運用独立行政法人）や機関投資家など、いわゆる「投資のプロ」にも評価されていて、運用対象として選ばれている実績があります。

こうした点も私がおすすめしている理由の一つです。

■スイングトレードは「トレンドに順張り」が王道

これだけでも、投資対象をJPX400に絞るという理由を十分に理解していただけたかと思いますが、あえてもう一つ付け加えるとすると、「JPX400銘柄はスイングトレードと相性がいい」のです。

というのもスイングトレードは数日～数週間保有することになるため、この期間である程度利益を得られるまで株価が変動するには「トレンド（株価の動きが上下どちらかに一定期間偏った状態）」が必要になります。

前述の通り、JPX400は優等生的な銘柄が採用されているため、仕手株やイナゴ銘柄のような値動きになる銘柄は少ないです。あくまで業績をベースにして、なだらかに値動きをしていく銘柄が多いのです。

このような銘柄はテクニカル的にも「比較的教科書通りの動きをしやすい」というメリットがあります。また、一度トレンドが出ると明確な終わりの基準が出るまでは価格が伸びていく傾向があります。

そのため、こうした銘柄に対して逆張りの発想から、一度値動きした方向の逆にエントリーすると、踏み上げられて含み損になりやすいですし、スイングトレードのように比較的長い時間保有するのであれば、なおさら逆張りは不利になります。

そうした観点からもトレンドがじっくり続きやすい銘柄が多いＪＰＸ４００はスイングトレードに向いています。なので三澤流はトレンドに対して順張りでエントリーする方法を採用しています。

トレンドとレンジ

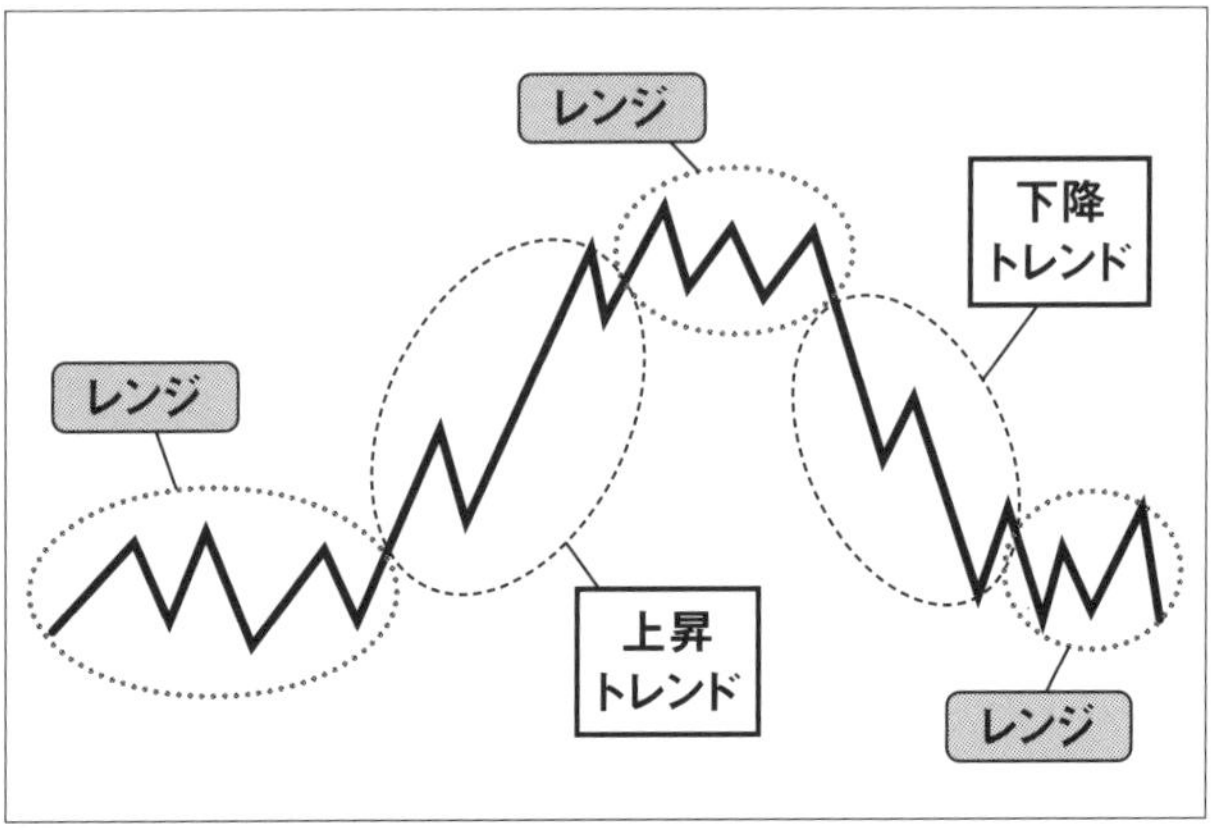

順張りと逆張りの違い

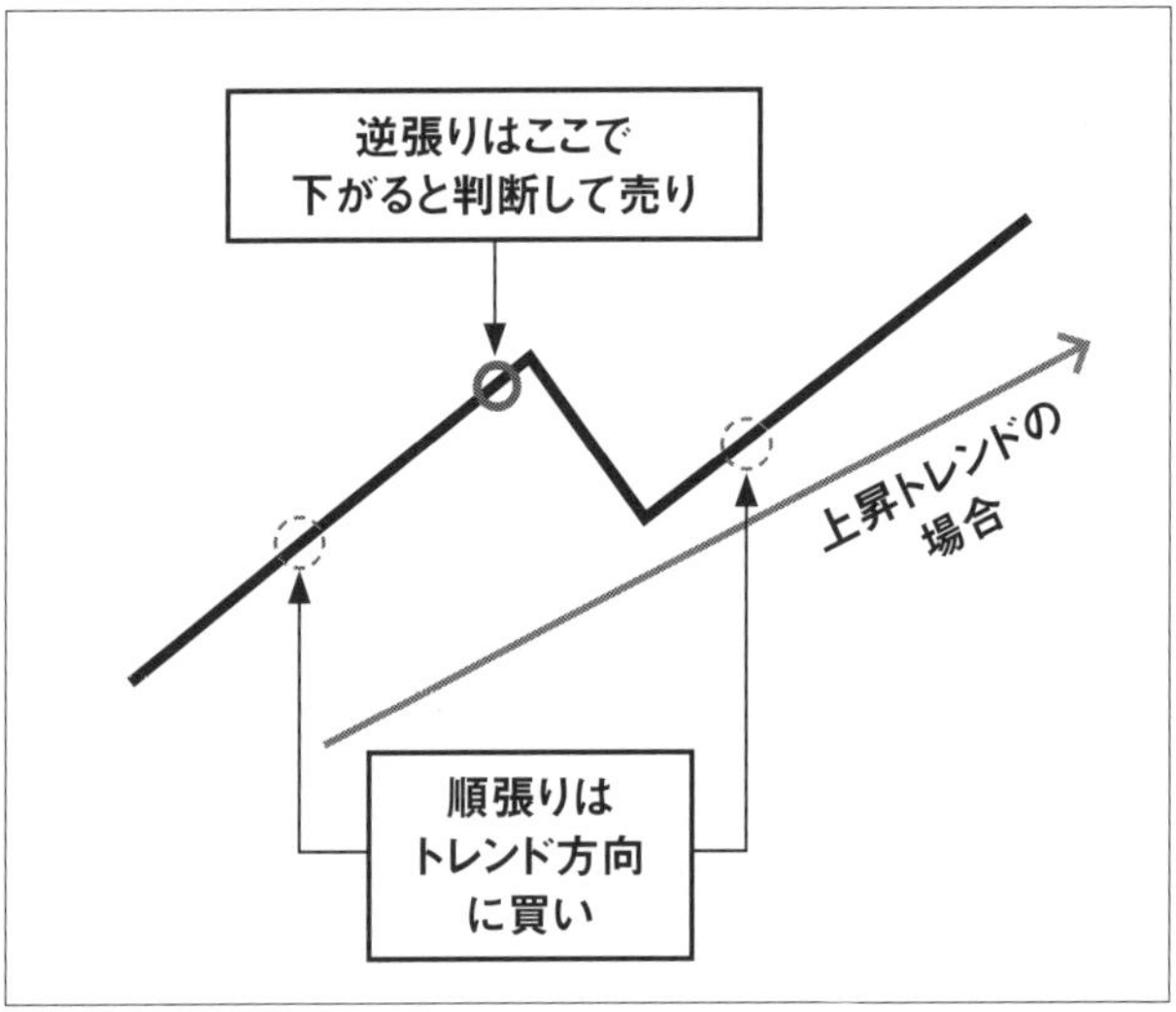

三澤流メリット① 「1日に10分」でOK

先ほどまでの話をまとめると、私の手法は「JPX400の中からテクニカル分析を使って、どの銘柄をいつ売買するのかを判断」し、買ってから売るまでに1日~1週間ほどの期間を想定する「スイングトレード」で投資するというものです。

このスタンスがどのようなメリットを生むのかを説明すると、まず「売買のために要する時間が少なくて済む」という点が一番に挙げられます。

スキャルピングやデイトレードの場合は、相対的に短時間で売買する手法です。そのため、1日のうちに、値動きを気にする時間が長くなってしまいます。スキャルピングなら、ごくごく短時間で行うわけですから、言ってみれば、リアルタイムにチャートを追いかけていなければなりません。デイトレードも、1時間単位で行うなら、そのぶんチャートをチェックし続ける必要が出てきます。

しかしスイングトレードはもう少し時間にゆとりをもって行うことができますし、刻々と変わる値動きを気にする必要はありません。1日の中で取引にかける時間は10分程度で済みますし、実際に私もその程度で取引ができています。

1日に10分ということは実は大きなメリットがあり、一番は会社員の方でもOKということです。会社に勤めている方をはじめ、たいがいの社会人の方は仕事がありますから、日中、やたらに画面を見ているわけにはいきません。リアルタイムに値動きを追いかけることなんて不可能です。

でも、1日に10分なら捻出できるでしょうし、慣れてくれば10分もかかりません。1日に3分もあれば十分です。ということは、働いているかたわらで株の売買ができるメリットがあるということを意味しています。

三澤流メリット② 四季報も新聞も読まなくてOK

株価のチャートだけを見て、分析して売買を行うのが私のやり方です。

ですから『会社四季報』を読んだことはありませんし、経済新聞などにも目を通さずに売買を行っています。そうした昔からある紙のデータだけではなく、いまや、ネットにも、分析記事があったり、アナリストの方による予想記事などもたくさんあります。へたをすると、情報の波にのまれてしまいそうです。あれもこれも、と情報を追いかけたくなる、いや、あふれる情報に押しつぶされそうになります。ときには情報に振り回されて、いろいろな迷いも出てくることでしょう。でもチャートの画面だけにしぼればよいのですから、そんな雑念とは無縁でいられます。

三澤流メリット③ 会社の業績を調べる手間も不要

私は、四季報などに目を通したことがないばかりか、企業の業績がどうなっているのかを調べたこともありません。そうした方面に目配りしないでよいというのも、テクニカル分析のみ行っているメリットです。

三澤流メリット④ 株価の上下どちらでも利益が出る

株式投資についてあまり詳しくない方は、「株価が安いときに買って、株価が上がったら売る。その差額が利益になる」と考えている人も多いのではないでしょうか。それはもちろん間違いではありませんが、株式投資は「株価が下がったときにも利益を上げられる」のです。

株価は、常に上がったり下がったりを繰り返しています。長く上昇気流に乗る場合もあるでしょうが、いずれにせよ、上がるときもあれば、下がるときもあります。これは平均株価が高い、安いに関係ありません。かつて、日経平均株価が1万円を切るような時代であっても、上げ下げを繰り返していましたし、その頃と比べれば、大きく日経平均が上昇した2023年現在でも、上げ下げを繰り返しています。つまり、好景気で平均株価が高い、不景気で平均株価が安い、そうしたどんな局面にあっても、株には値動きがあり、上げ下げが生まれています。

上がったときも、下がったときも、利益を出せるということは、どんな情勢でも稼げることを意味しています。言い換えれば、時代の影響を受けることなく、いつも利益を出せるのが私のやり方です。

第3章

武器は移動平均線！知っておきたい株式投資の基礎

■まずは「移動平均線」「ローソク足」について理解して基礎を身につける

さて、第2章では三澤流トレードにおける3本の柱について解説してきました。

ここまでで、

・トレードする期間＝スイングトレード

・どんな銘柄からトレードしていくのか＝JPX400

という2つの項目については理解してもらえたかと思うので、第3章からは「チャートをどのように見ていくか」を具体的に説明していきます。

三澤流トレードでは、先ほどから再三お伝えしてきているように、チャートを「絵」として見ていきます。

これを少し具体的に説明すると、大まかに、

・ローソク足一つ一つがどのような形をしているのか？

・複数のローソク足はどのようなパターンになっているのか？

・移動平均線はどのような向きと形になっているのか?

といったことを組み合わせて、エントリーできる銘柄・タイミングを判断するわけです。

こうした判断ができるようになるために、まず「ローソク足そのもの」「移動平均線そのもの」について初心者でもわかるように説明していきます。

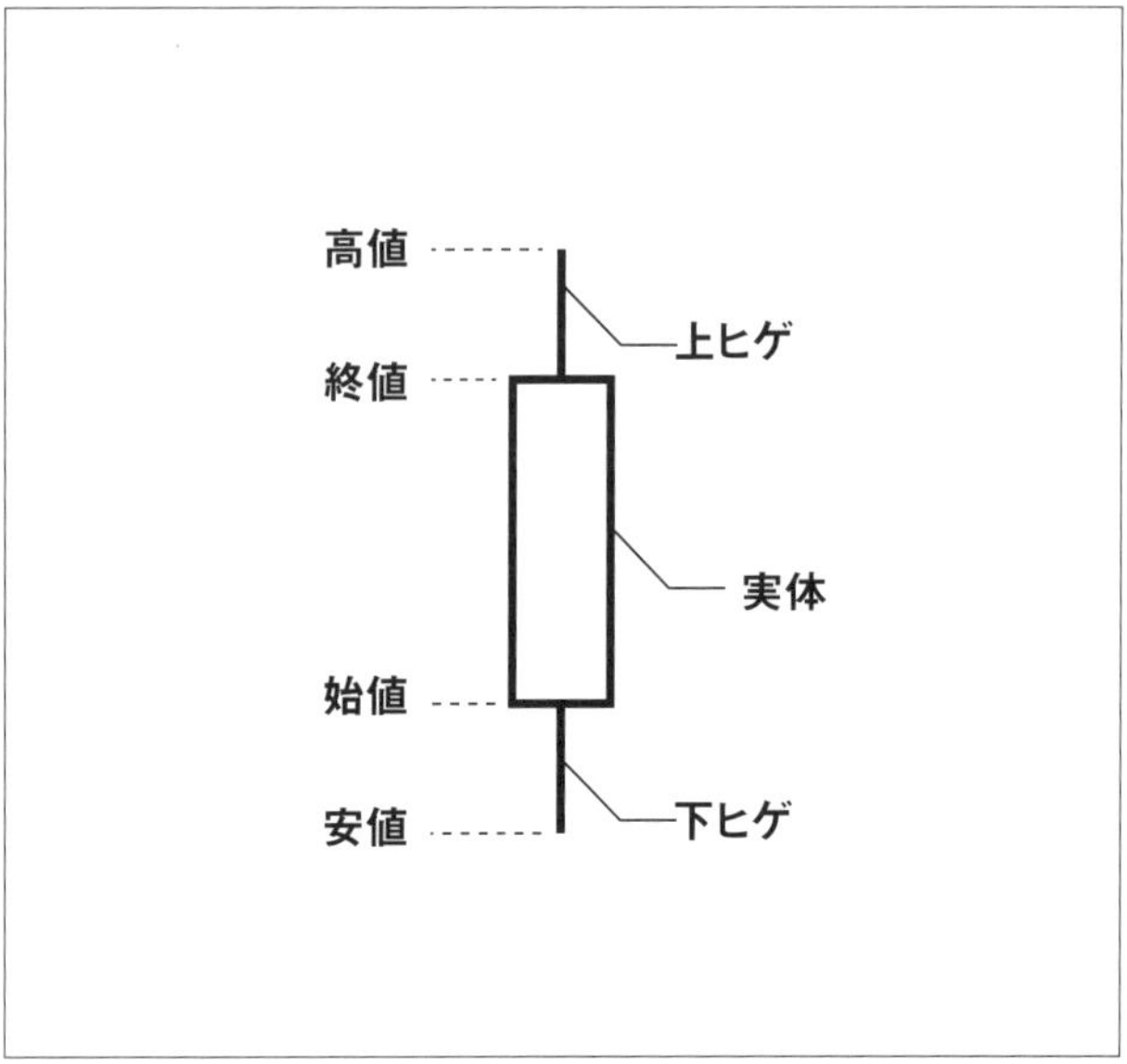

陽線

○ローソク足

ローソク足はその名前の通り、四角い形のものから、火が伸びているように線が出ている形状のものです。この線は、上向きだけではなく、下向きに出ていることもあります。

このローソク足には、ある1日の「始値」、「終値」、「高値」、「安値」という、4つの値が示されています。四角い胴体の部分が白色になっているもの、黒色になっているものの2種類があります。

＊陽線

白色のローソク足を「陽線」と言いま

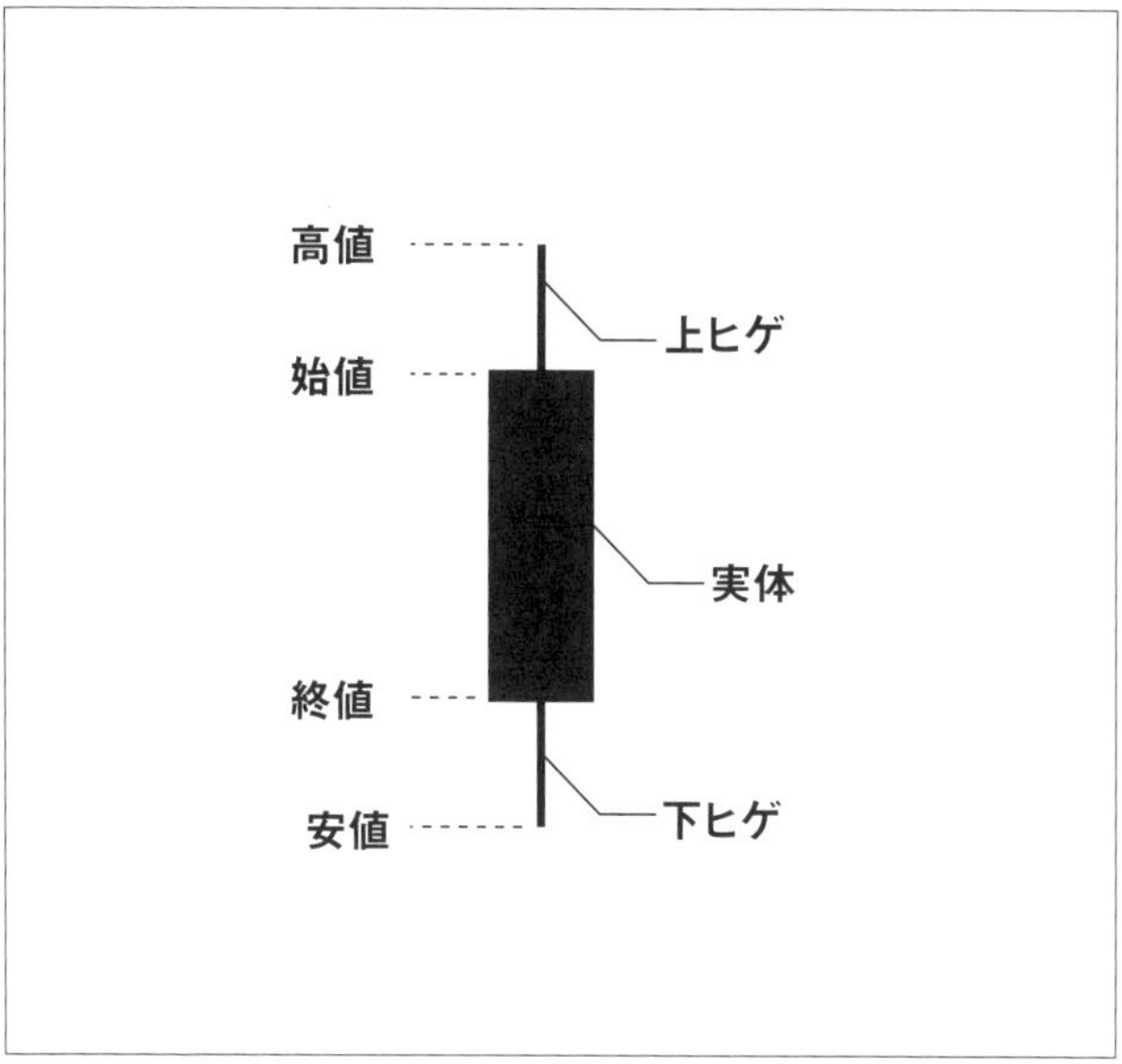

陰線

す。胴体の上部分が終値、下部分が始値を表しています。つまり、上昇してその日の取引が終わったことを示しています。

胴体から上に出ている線を「上ヒゲ」、下に出ている線を「下ヒゲ」と言います。上ヒゲはその日の高値を、下ヒゲはその日の安値を示しています。

＊陰線

黒色のローソク足を「陰線」と言います。胴体の上部分が始値、下部分が終値を表しています。つまり、下落してその日の取引が終わったことを示しています。

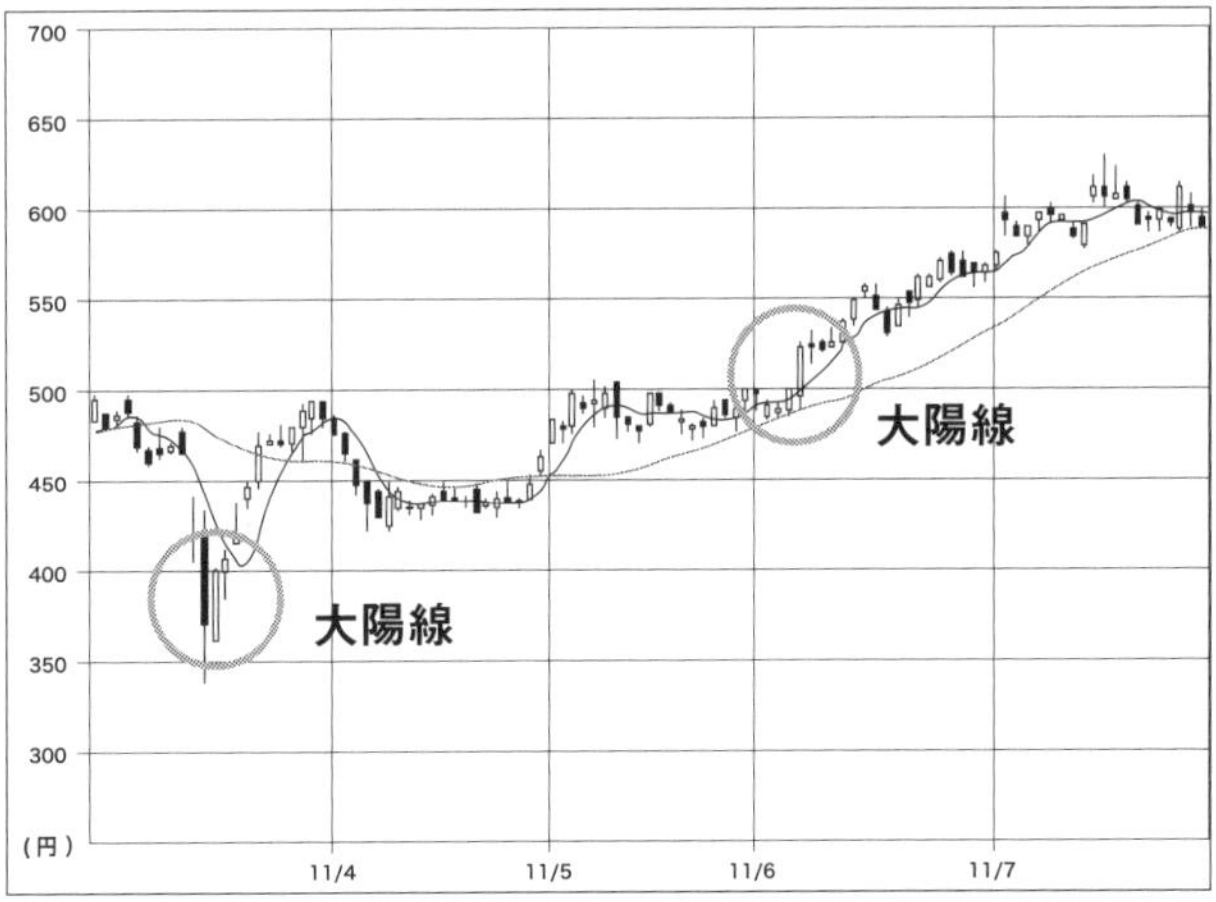

大陽線

胴体から上に出ている線を「上ヒゲ」、下に出ている線を「下ヒゲ」と言うのは陽線と一緒です。また、上ヒゲはその日の高値を、下ヒゲはその日の安値を示しているのも、陽線と同じです。

ローソク足は、チャートを見るときの、基本と言っていい「情報」です。ですから、そこから読み取れることが何なのかを、しっかり把握しましょう。

＊胴体の長さの意味は？

チャートを見ていると、胴体の部分が長いものや短いものがあり、一定のサイズではありません。ここから読み取れる情報があります。胴体が長いローソク足は、その日の相場が始まってから終わるまでに、陽線なら大きく上昇したこと、陰線なら大きく下落したことを意味しています。

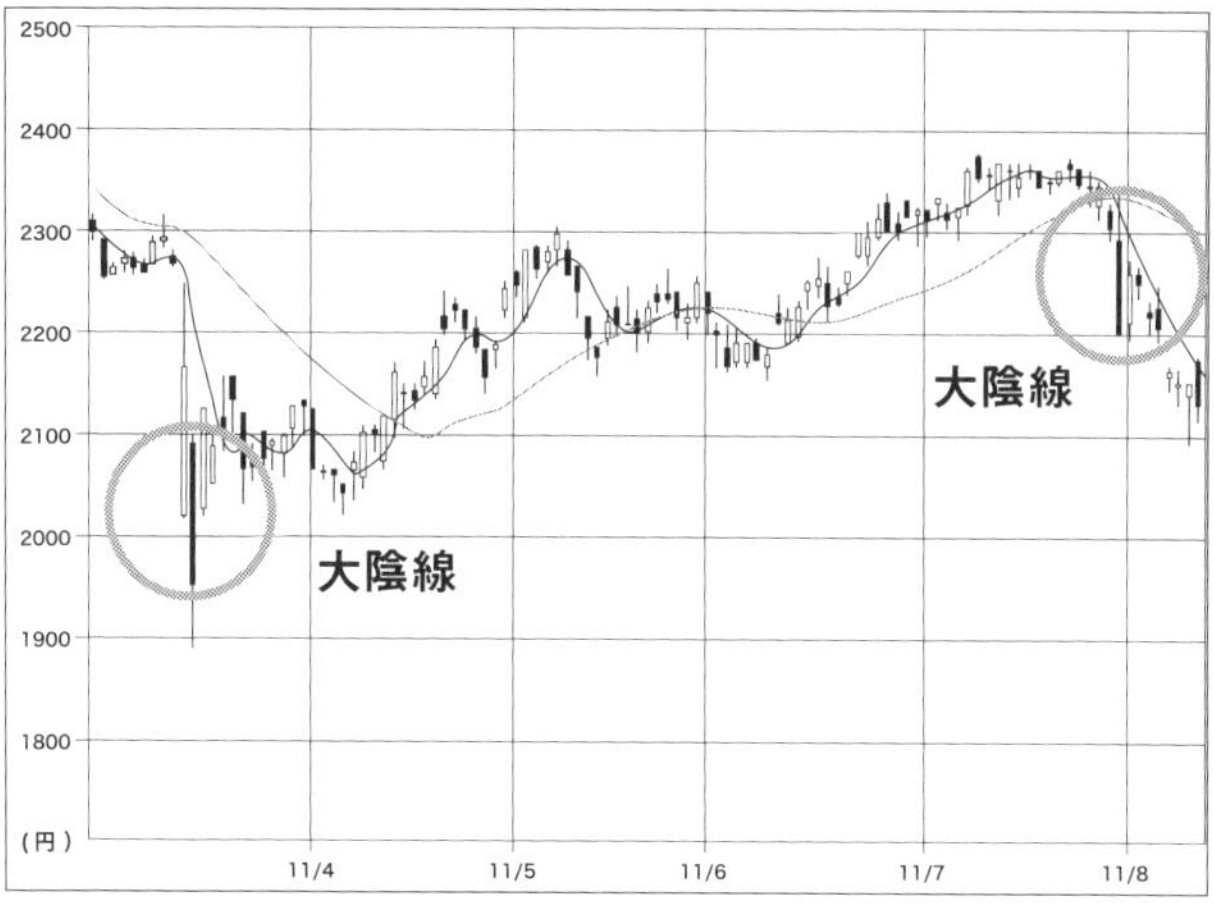

大陰線

もし、ヒゲがない陽線なら、その胴体の長さに応じて、その日が終わるまで上昇を続けたことを示しています。

これを「大陽線」と言い、上昇する力の強い陽線です。

逆に陰線の場合でヒゲがなければ、その日の始まりから終わりまで、ずっと下落したことを示しています。これを「大陰線」と言い、下落する力の強い陰線を示しています。

＊ヒゲの長さの意味は?

上ヒゲ、下ヒゲ、そのどちらも、長さにはいろいろあります。長かったり、短かったり、あるいはなかったり。

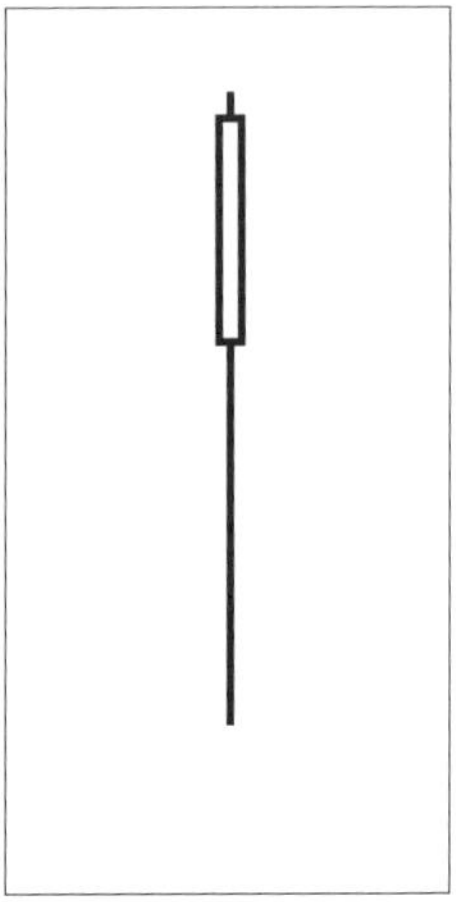

陽線（長い下ヒゲ）

陰線（長い上ヒゲ）

ヒゲが長い場合は、一度、ある方向に大きく動いてから、逆方向に反発して終わったことを意味しています。

陽線を例にすると、下ヒゲが長い場合には、「株価が一度は大きく下がったけれども、最終的には、始値よりも株価が高くなって終了した」という状態を示しています。

つまり、「上向きの動きが強い」ということがローソク足から読み取れます。

逆に、上ヒゲのある陰線ができた場合、「株価が一度は大きく上昇したものの、最終的には、始値よりも株価が下落して終了した」という状態を示しています。

この場合、読み取れる情報は「下向きの動きが強い」ということです。

このように、ローソク足は単に株価を見せるという役割もあるのですが、それ以上に、そのときの株価の様子（上昇や下落などの勢い）をつかむことができるツールなのです。

また、複数のローソク足を組み合わせて、価格が変動しやすいパターンを分析することもできます（第4章参照）。

さまざまな情報やトレンドを読み取ることができるのが、ローソク足です。見方に慣れるようにしましょう。

○移動平均線

ローソク足とともに、チャート上に表示されるものと言えば、「移動平均線」です。

移動平均線は、過去のある期間のトレンドを知るために利用するものです。どのように算出するかと言うと、株価の終値の平均値を日々算出し、折れ線グラフ化しています。

移動平均線は、過去の期間の日数により、さまざまな種類があります。

「5日移動平均線」は、直近の5営業日の平均値で、「75日移動平均線」は、直近の75日の平均値です。

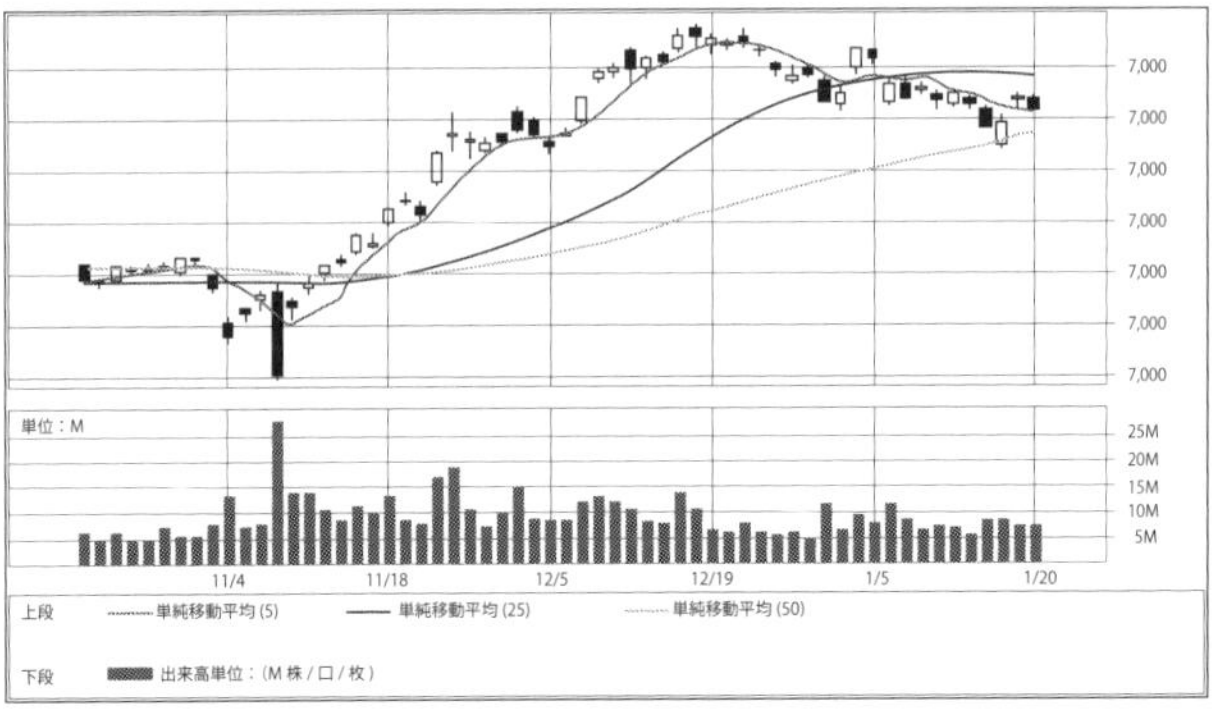

移動平均線

また、「日足」（毎日のローソク足が並んだチャート）の場合、5日、20日、75日などの移動平均線がよく使われます。

「週足」（1週間ごとのローソク足が並んだチャート）では、13週、26週などの移動平均線が、また「月足」（1カ月ごとのローソク足を並べたチャート）には、12カ月、24カ月、60カ月の移動平均線が使われます。

では、この表示させた移動平均線をどう使っていくのかと言うと、折れ線グラフの「方向」を見て「トレンドの判断をする」というのが最も基本的な使い方です。

例えば上にある日足のチャートには、5日移動平均線、25日移動平均線、50日移動平均線を表示しています。

「方向」を見るというのは言葉通り、それぞれの移動平均線が上向きなのか、下向きなのか、それとも水平に近い状態にあるのかを見ていきます。

まず、チャートの左端では、5日移動平均線が少しだけ水平から上向きになっていますが、25日移動平均線、50日移動平均線はどちらも水平に近い状態です。

このことから、ここでは3本の移動平均線の向きを見るとトレンドが出ていないことがわかります。

そこから少し進むと、大きな陰線が出て短期的に価格が大きく下がっています。

そのため、25日移動平均線と50日移動平均線は水平のままです。5日移動平均線だけが下向きになり、短期的には下落トレンドが出ていたと考えることができます。

また、チャートの中盤から右端にかけては、まず一時的に下向きだった5日移動平均線が上向きに変わっています。

そこから徐々に25日移動平均線と50日移動平均線も上向きに変わったことで、短期、中期、長期の順番でトレンドが発生していることがわかります。

このようにして、線の向きを見るだけで、相場の状態を判断できるのが移動平均線を使う最大のメリットです。

詳しい手法の解説は第4章で行うため、ざっくりですが三澤流トレードで使う「ローソク足」と「移動平均線」について簡単に説明しました。

実際のトレードではどちらも応用して使っています。ただ、三澤流は基本的な考え方さえ知っていれば、誰でも理解できるようなシンプルな手法なので、心配せずに読み進めてください。

○現物、信用取引の違い

先ほどはローソク足や移動平均線といった、「チャート」に関するお話でした。

次は三澤流トレードを行う上で最低限知っておきたい「株取引の仕組み」について、簡単にお話ししていきます。

仕組みと言っても、株取引にまつわるあらゆる制度についてではありません。あくまで三澤流トレードに関係のある部分だけです。具体的には「現物取引と信用取引のどちらを使うか」と「注文方法」の2点です。

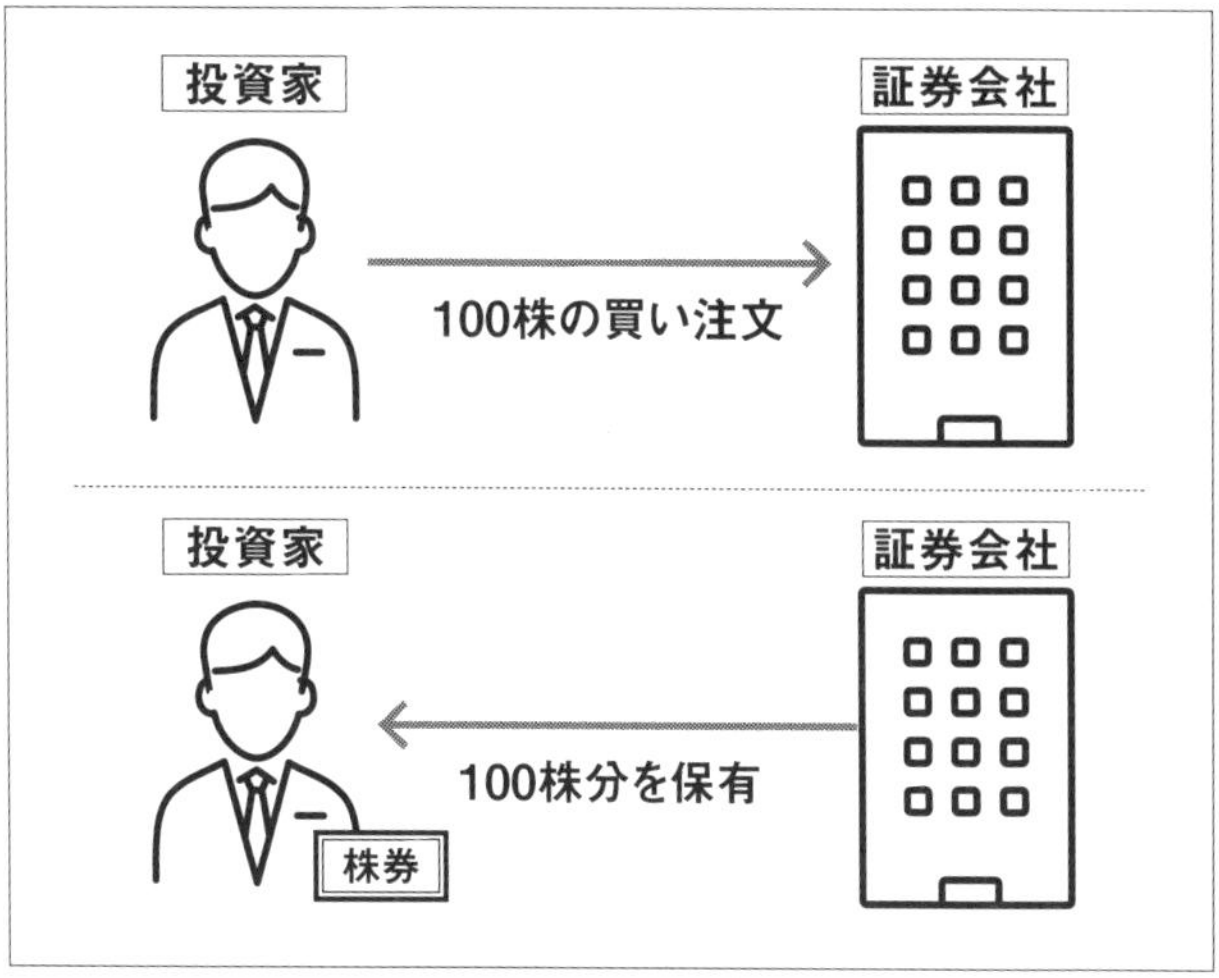

現物取引のイメージ

まず、「現物取引と信用取引のどちらを使うか」について、結論を言います。私のトレードでは主に信用取引を使って利益を出しています。

読者の中には、そもそも現物取引と信用取引の違いについて知らない人もいると思うので、まずはそこから解説します。

現物取引というのは、まさに言葉通り「株券（現物）を買う取引」のことです。そのため、例えば取引ツール上で1000株を現物で購入すると、実際にその会社の株を1000株保有した状態になります。

現在の株取引はすべてオンライン上で完結しているので、「現物」という感覚があまりピンとこないかもしれません。オンライン取引が普及

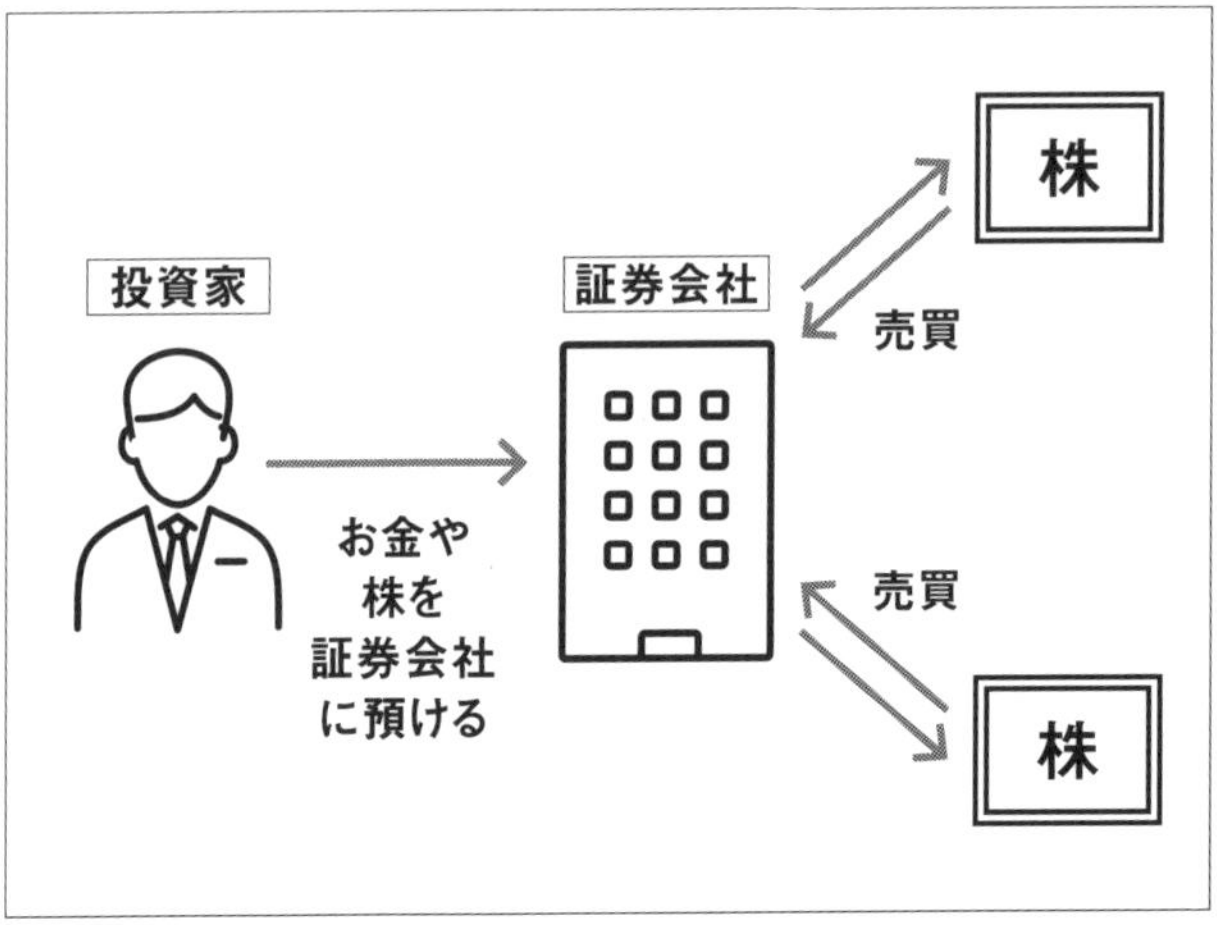

信用取引のイメージ

する前は、基本的に株券が手元にあったので、まさに「現物取引」だったのです。

株券を安いときに買って、値上がったタイミングで売れば、その差額が投資家の利益になります。また、現物取引では株券を一定期間保有していれば、配当や優待をもらうことができるので、これも投資家の利益になります。

これが現物取引です。

一方で、信用取引とは簡単に言うと、自分の資金（もしくは持っている株）を証券会社に預けて、それを担保に現金や株券を借りる取引です。

ここだけ聞くと、なんだか複雑そうに感じると思いますが、実際に利益が出る仕組みは現物取引とほとんど同じです。

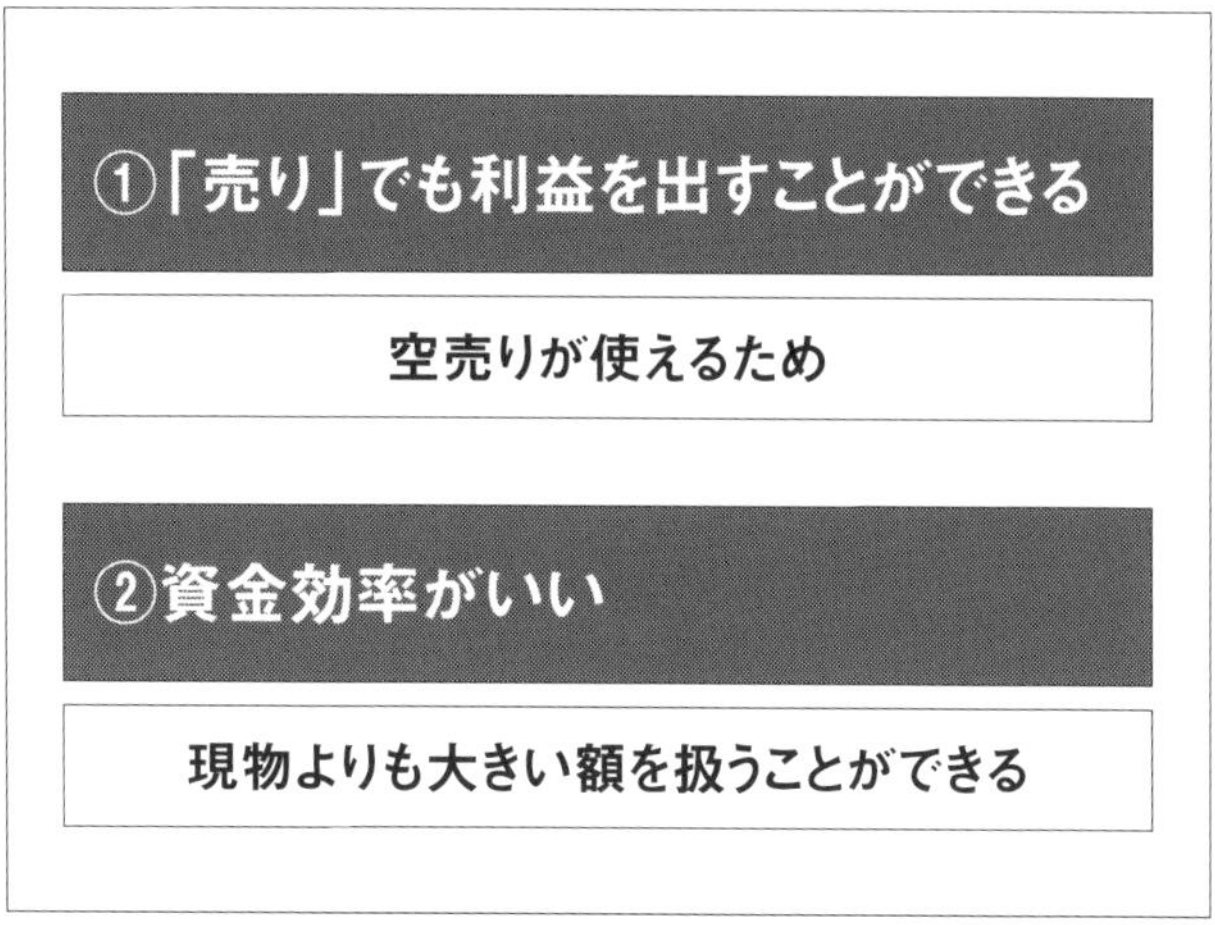
①「売り」でも利益を出すことができる
空売りが使えるため
②資金効率がいい
現物よりも大きい額を扱うことができる

信用取引の2つのメリット

細かな部分の話をすると、信用取引と現物取引は違うものです。

ただ、そうした部分まで解説すると話がややこしくなるので、ここでは信用取引を行うことで得られる2つのメリットに絞って解説します。

○空売りを使って「上げ」と「下げ」どちらでも利益が出せる

信用取引を使う一つ目のメリットは、「売って利益を出すことができる」という点です。

先ほどお話ししたように、現物取引では、安いときに買って、高いところで売ると利益が出ます。これは逆に言うと、当たりまえですが、安いときに買っても株価がさらに下がれば損失になるということです。

つまり、現物取引は「株価が上昇しないと利益が出ない取引」と言い換えることもできます。

皆さんもご存知の通り、2020年3月には「コロナショック」がありました。これは10年に一度の大暴落だったので、記憶にも新しいと思います。

毎年このレベルの暴落が起こっているわけではありません。ただ、日経平均のチャートを見ると、年間を通して上昇しているような相場もあれば、下降や停滞している相場もあります。

仮に1年のうち3分の1が上昇相場だとします。その場合、現物取引だけを行う人は、相場が下降や停滞している間は取引ができません。特にコロナショックのような相場では、全く手が出ませんし、「安くなったから」と思って買ってしまうと大きな含み損を抱えてしまいます。

一方で、「安いときに買って上がったら売る」取引のほか、「高いときに売って下がったら買い戻す」という選択肢がある場合はどうでしょうか？

相場の状況にもよりますが、少なくとも、コロナショックのような状況でも、「売る」取引ができます。

つまり、1年を通して、取引できるチャンスがシンプルに2倍に増えるのです。

この「売る」取引ができるのが信用取引です。正確には「空売り」もしくは「信用売り」と呼びます。

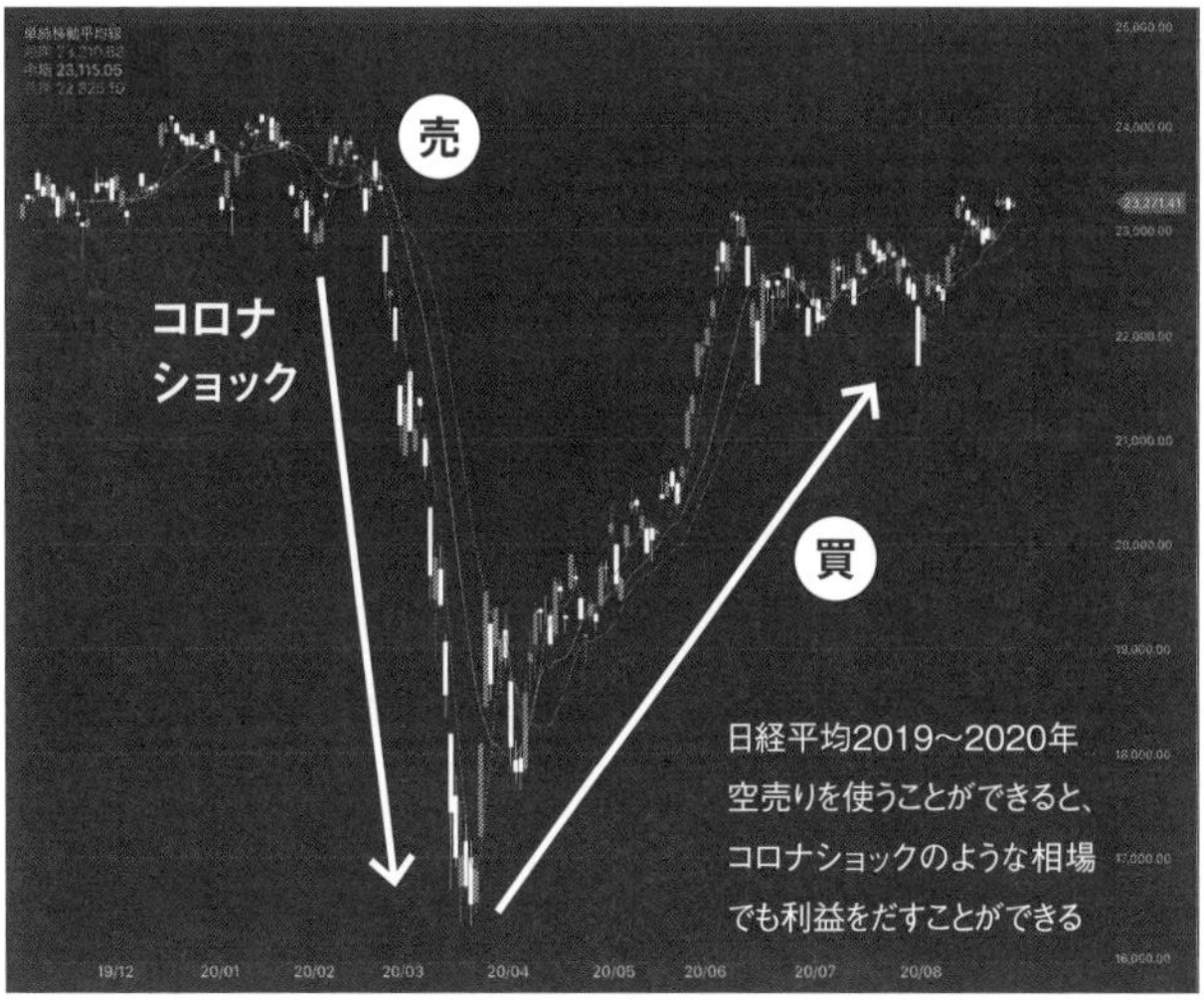

チャンスが2倍になる!

企業の業績など、ファンダメンタルズを分析してトレードの根拠とする場合、本来「上がる理由」と「下がる理由」は別々のものです。だからこそ、買いと売り、両局面で利益を出すのは、判断が複雑になります。

ただ、すでに第1章では、テクニカルだけを使ってトレードする、ということを解説しました。チャートを見ると、「上がるパターン」の反対は「下がるパターン」です。

つまり、テクニカルだけを見るのであれば、空売りを使って、上昇と下落どちらの局面でも関係なく利益を出すことができるのです。

そのため、三澤流トレードでは空売りができるかどうかで、収益の幅が大きく変わってきます。これが、信用取引を使う一つ目のメリットです。

○信用取引は「効率がいい」

一般に信用取引と言うと、空売りができるというメリットが注目されがちです。ただ、信用取引には他にもメリットがあります。それは「資金効率を上げる」という点です。

信用取引は、先ほどの空売りの他に、買う（信用買い）こともできます。

「買うだけなら、現物と変わらないんじゃないか？」と思う人もいるかもしれません。

しかし、先ほど解説したように、信用取引は証券会社にお金や持っている株を預けて行う取引です。そのため、預けたお金の最大3・3倍まで取引することが可能です。

つまり、100万円を株取引に使う場合、現物では最大100万円分の株しか買うことができません。一方で信用では約300万円の取引が可能です。

仮に、100万円の資金で1株1000円から2000円まで上昇した銘柄を、現物取引と信用取引で資金いっぱいまで買ったとします。このとき現物取引で得られる利益は100万円となります。一方で、信用取引で買った場合、利益は300万円となるのです（資金の3倍まで使った場合）。

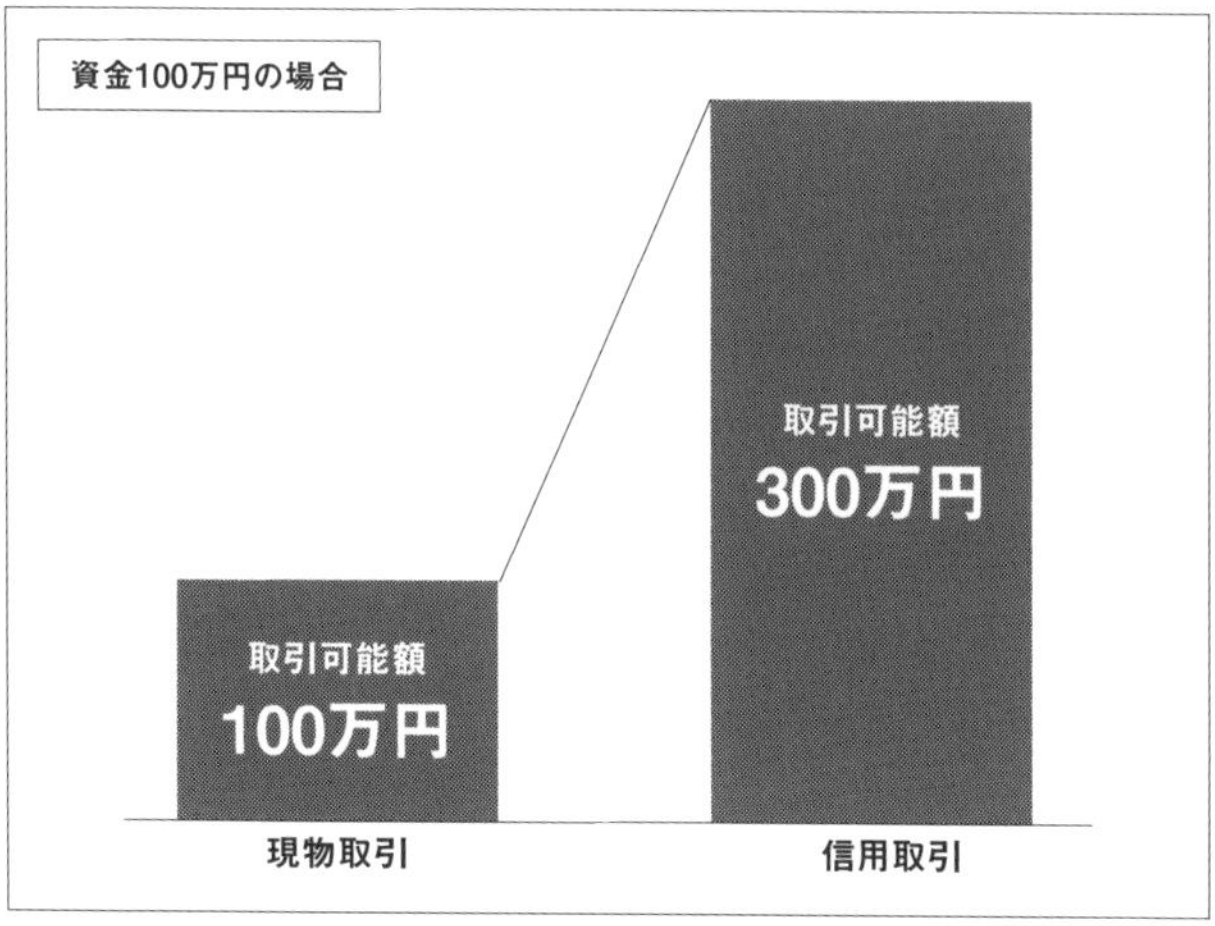

信用取引は「効率がいい」

また、今の例は一つの銘柄をトレードした場合の話ですが、複数の銘柄を取引する場合も同様です。資金100万円で一単元（100株）が10万円の銘柄を現物で買うとすると、10銘柄（10万円×10銘柄）しか取引できません。一方で信用であれば、30銘柄（10万円×30銘柄）まで買うことができます。

これが「信用取引は資金効率が上がる」とお話しした理由です。これは信用買い、空売りどちらでも同様です。

また、信用取引は資金効率の面でもう一つメリットがあります。それは、「回転売買ができる」という点です。

回転売買とは、「同じ資金を使って、何度も取引を繰り返す」売買のことです。

例えば、ある株を50万円で買い、予想通り株価が60万円まで上がったので利確します。そして、まだ株価が上がりそうだったので、当日中にもう一度、同じ資金で買うのが回転売買です。

現物取引ではルール上、この回転売買ができません。そのため、同じことをやるのであれば、別に60万円の資金を用意する必要があるのです。


つまり、信用取引を使うことで、元手よりも多い金額を取引でき、かつ、それを1日の中で何度も取引できるようになるのです。このメリットを踏まえて考えると、現物取引だけでは、

・売りで入ることができない
・取引できる資金が少ない
・回転売買ができない

といった拘束が生まれます。そのため、「武器を増やす」という意味でも、三澤流では信用取引を使ったトレードをおすすめしています。

○デメリット込みでも信用取引はやる価値がある

ここまで、信用取引のメリットをお伝えしてきました。ただ、当然良い面ばかりではありません。信用取引には、追証や自己資産以上に損をしてしまうというリスクもあります。

かつて私も、信用取引を使って含み損を最大200万円まで増やしたことがあるため、そのリスクは重々理解しています。ただ、その経験があるからこそ、「追証にかかる人はなるべくしてなっている」と考えています。そうした人は、リスクの取り方もそうですが、複雑に考えすぎて損切りできなくなるケースも多いのです。

後述する三澤流の売買ルールであれば、チャートで分析しているので非常に考え方がシンプルです。「こうなったらエントリー、こうなったら損切り」という判断が明確にできるので、追証を食らうことは絶対にありません。その意味で、三澤流は信用取引のデメリットを避けつつ取引ができるため、非常に相性がいいのです。そのため、三澤流を実践する際には、証券口座の申込時に信用口座も同時に申請しておくとよいでしょう。

いかに「負けないか」を考えることが
勝つための最短ルートなのです。

第4章

移動平均線とローソク足がカギ！「7つのルール」で稼ぐ

第3章までの解説を基礎として、いよいよ実際のトレードに近い形でテクニカルの使い方を説明していきます。

三澤流トレードでは、チャートを「絵として見る」というお話をしました。これを少し詳しく説明すると、「一定のルール（＝方程式）にしたがって、条件を満たしたときだけ売買を行う」ということになります。

例えば、ローソク足が移動平均線を下から上に抜けたタイミングで買い（※5日移動平均線を見る場合）、というように、あらかじめ条件を設定しておきます。チャート上でそのルールと合致する動きが出たときに、売買を行うということです。

ここでのルールは以下の7つです。

①5日移動平均線を価格が上抜け・下抜け
②20日移動平均線での「反発」
③水平線の上抜け・下抜け
④スラストアップ（スラストダウン）の完成

⑤ローマ字の完成
⑥三尊・逆三尊の完成
⑦ボリンジャーバンドの±3σにタッチ

これらを相場の状況によって使い分けながら、チャートを確認していくのが、三澤流テクニカル分析の真髄です。

私がこれまで相場で培ってきたノウハウが詰まっているので、それぞれのルール単体でも、すぐに勝ちトレードにつながると自信を持っています。ただ、より有利なトレードにつなげるために、複数の「絵」が重なるポイントはより有利にエントリーできます。

組み合わせについては第5章で解説します。まずはこの章で、それぞれの基本的な使い方をじっくりと学んでみてください。

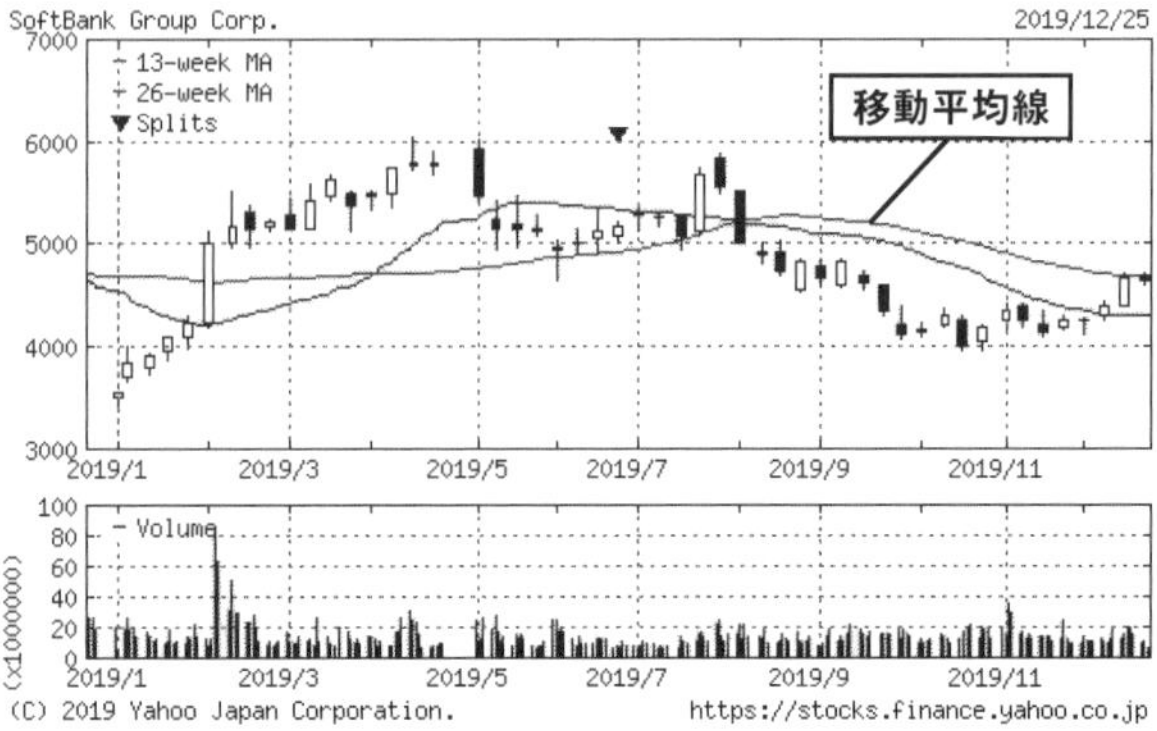

■ルール① 5日移動平均線を価格が上抜け・下抜け

まず、三澤式スイングトレードの一番の基礎に当たるのが「移動平均線を使った分析」です。

上のチャートはYahoo!ファイナンスでソフトバンクグループの株価を表示させたものです。こうした一般的な株価チャートには、ローソク足や出来高の棒グラフに加え、デフォルトで移動平均線の折れ線グラフが表示されています。そのため、それだけ多くの投資家が移動平均線を認識しているということがわかります。

移動平均線は、ある期間の、株価の終値の平均値をつ

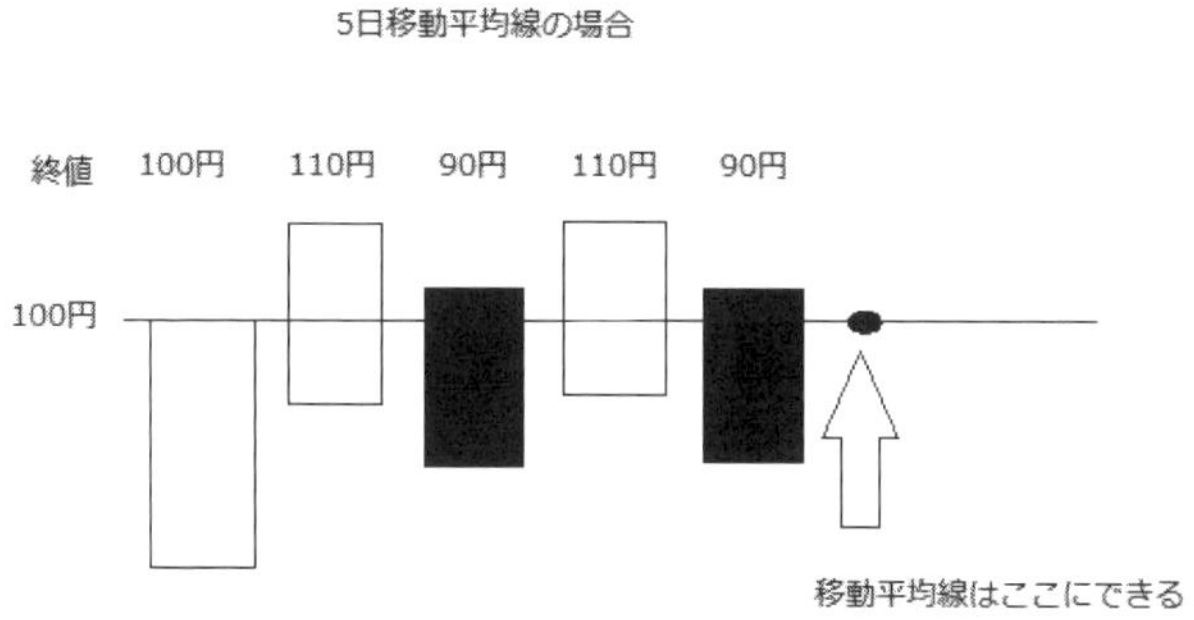

なぎ合わせたものです。例えば日足で期間を5日にしたときには、直近の5日間の終値を5で割ります。これが「5日移動平均線」です。

理解しやすくなるように例を挙げてみましょう。例えば上の図のように、

1日目の終値　100円
2日目の終値　110円
3日目の終値　90円
4日目の終値　110円
5日目の終値　90円

と、終値がついていた場合は、この5日分の平均値は100円となり、グラフ上に点として表示します。

これを、日付が1日進むごとに再計算して点をつなげ

ていくことで、P76の図のように「移動平均線」となるのです。

移動平均線の特徴は、これを見ただけで「トレンド」を把握することができる点にあります。移動平均線が右肩上がりなら上昇トレンドにある。移動平均線が右肩下がりなら、下降トレンドということになります。

そして移動平均線の期間にさまざまな種類があるのは、相場の流れを短期、長期に分けて知るためです。

短い期間の移動平均線なら短期の相場の流れを見る場合に用い、長い期間の移動平均線は長期的な相場の流れを見る場合に用います。

5日移動平均線の活用方法

では、具体的に5日移動平均線をどのように使っていくのかと言うと、「トレンドが切り替わるタイミング」を判断します。トレンドの切り替わりは、ローソク足が5日移動平均線を上抜け（もしくは下抜け）で起こることが多いです。

実際のチャートで見てみましょう。

上の画面は、サイバーエージェントの2018年7月～8月のチャートです。2つの折れ線グラフがありますが、細いほうの、動きがより上下しているほうが5日移動平均線です。

このチャートの中に、売りを狙い始めるタイミングがあります。

それは、○で囲んだAのように、ローソク足が上から5日移動平均線を陰線で割り込んできたあたりです。念のために言えば、陰線は、その日の始値より終値が安かった場合で、黒のローソク足になります。

5日移動平均線は、前述の通り、短期の流れを把握するためのものです。このようにローソク足

が陰線で移動平均線を下抜けたポイントは短期的なトレンド転換が起こることが多いのです。そのため、このような場面は売りのタイミングであることを知っておいてください。

もう一つ、５日移動平均線を使った売買タイミングを見ておきましょう。上のチャートは２０１９年２月～３月のものです。

ここには買いのエントリーポイントがあります。先ほどと反対に、ローソク足が陽線で５日移動平均線を上抜けています。ここは短期的に、相場の流れが変わるポイントです。

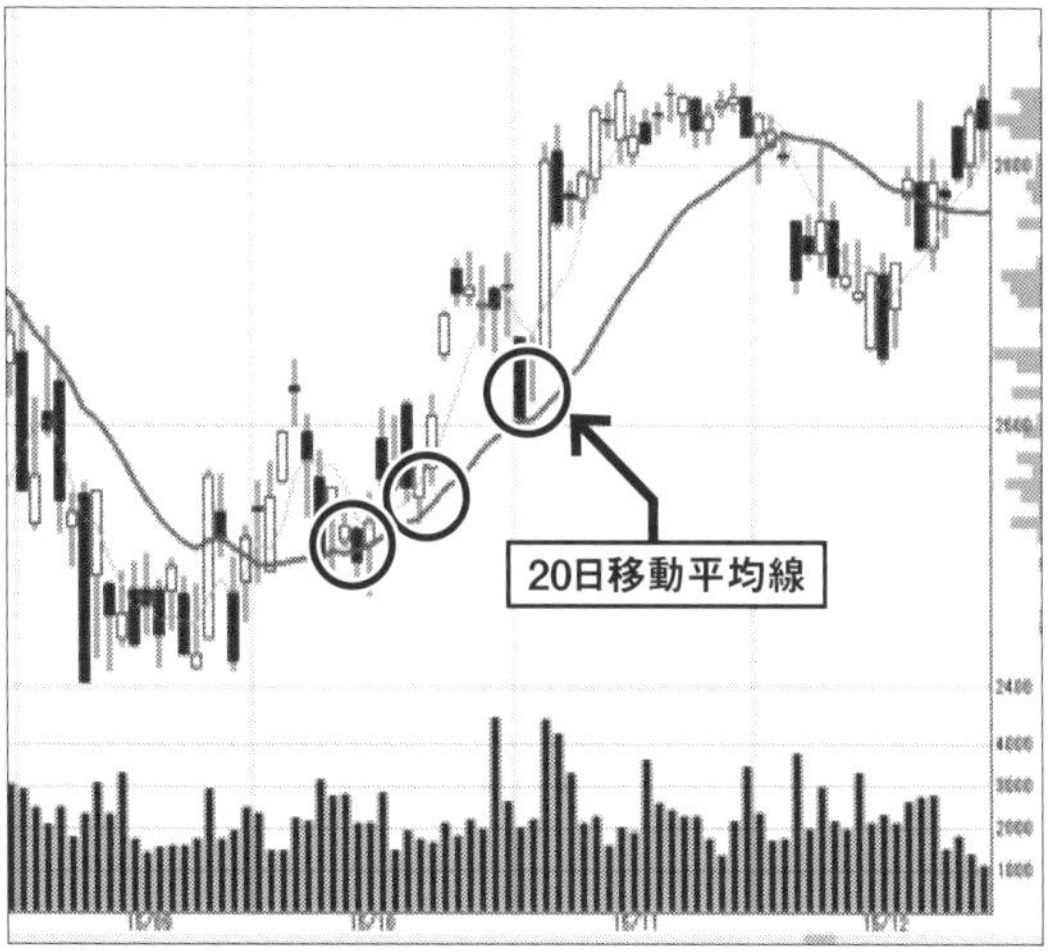

■ルール② 20日移動平均線での「反発」

三澤流では、基本的に移動平均線を2本使います。先ほどは5日移動平均線についての説明でしたが、もう1本は、5日移動平均線よりも数値の大きいパラメーターを設定して、「20日移動平均線」として扱います。

20日移動平均線で注目するのは「反発」です。20日移動平均線は5日移動平均線と比べて、より大きな価格の方向性を判断することができます。例えば上の図のように、20日移動平均線が上向きということは、上昇トレンドが出ていることになります。

そうしたとき、○で囲んだポイントのように、一度価格が下がってきても、再びトレンド方向に伸びる可能性が高くなります。

この「トレンドが継続するかどうか」を判断するのに20日移動平均線は適しているのです。

要するに、トレンドが出ていて、ローソク足が20日移動平均線で反発したらエントリーというのがルール②となります。これが20日移動平均線の基本的な使い方です。

一方で応用的な使い方もあり、右の図は先ほどのチャートとは逆に、2016年の1月の終わりには20日移動平均線から大きく乖離していきます。このような場合は、20日移動平均線に向かっていく動きが強まることが多いです。そのため、5日移動平均線を陰線で下抜けたポイントで、20日移動平均線を目標に売っていきます。このような場合は、先ほど勉強した5日移動平均線を陰線で割り込んできたタイミングでエントリー、というような使い方をすることもあります。

■ルール③　水平線の上抜け・下抜け

三澤流では移動平均線のほか、ラインも活用します。次のページのチャートを見ると、ローソク足や移動平均線のほかに、チャート上に平行な2本の線が入っているのがわかると思います。これが水平線です。チャートを分析するための道具として、大切なツールになります。

初めて株式投資に向き合う人がチャートについて学び始めると、ローソク足が作る上下の波は一見、不規則に動いているかのように感じると思います。これは私も同じように感じたのでその気持ちはよくわかります。

ただ、安心してください。やり方さえ会得すれば不規則に見えるチャートにもパターンがあることが理解できるようになります。「線を引くだけで何か変わるのだろうか」と思う方もいるかと思いますが、水平線を引くだけでチャートが全く違うものに見えてきます。そうした意味でも水平線は「チャートに付ける目印」と言ってよいかもしれません。

水平線を引くポイントは非常に単純で、「直近の高値と安値に合わせてそこから引く」これだけです。

次のページのチャートでもこの基準に従って水平線を引いているので、どのように引くのかを確認し

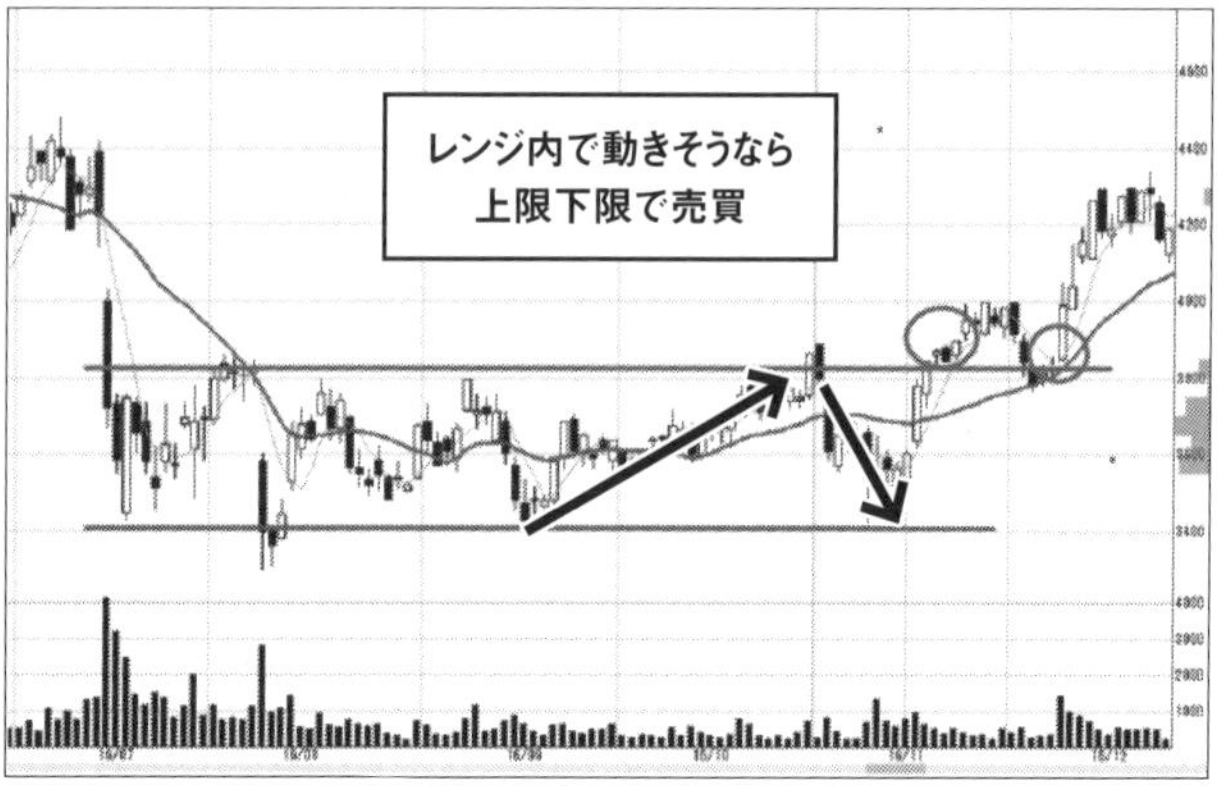

てみてください。

水平線を引くことで何がわかるのかと言うと「現在の相場がレンジかどうか」という点です。

仮に直近の高値に引いた水平線をローソク足が上抜けていくのであれば、上昇トレンドが発生している可能性があります。また、反対に直近高値と直近安値の範囲内でローソク足が上下しているのであれば、それは「レンジ相場」です。レンジ相場とは、一定の範囲内での値動きに終始している相場のことです。レンジ相場であることがわかれば、水平線の下限のときに買って反対に水平線の上限のところで売ればよいのです。

その逆のパターンとして、水平線の上限で空売りをして、水平線の下限で買い戻しをしていてもＯＫです。

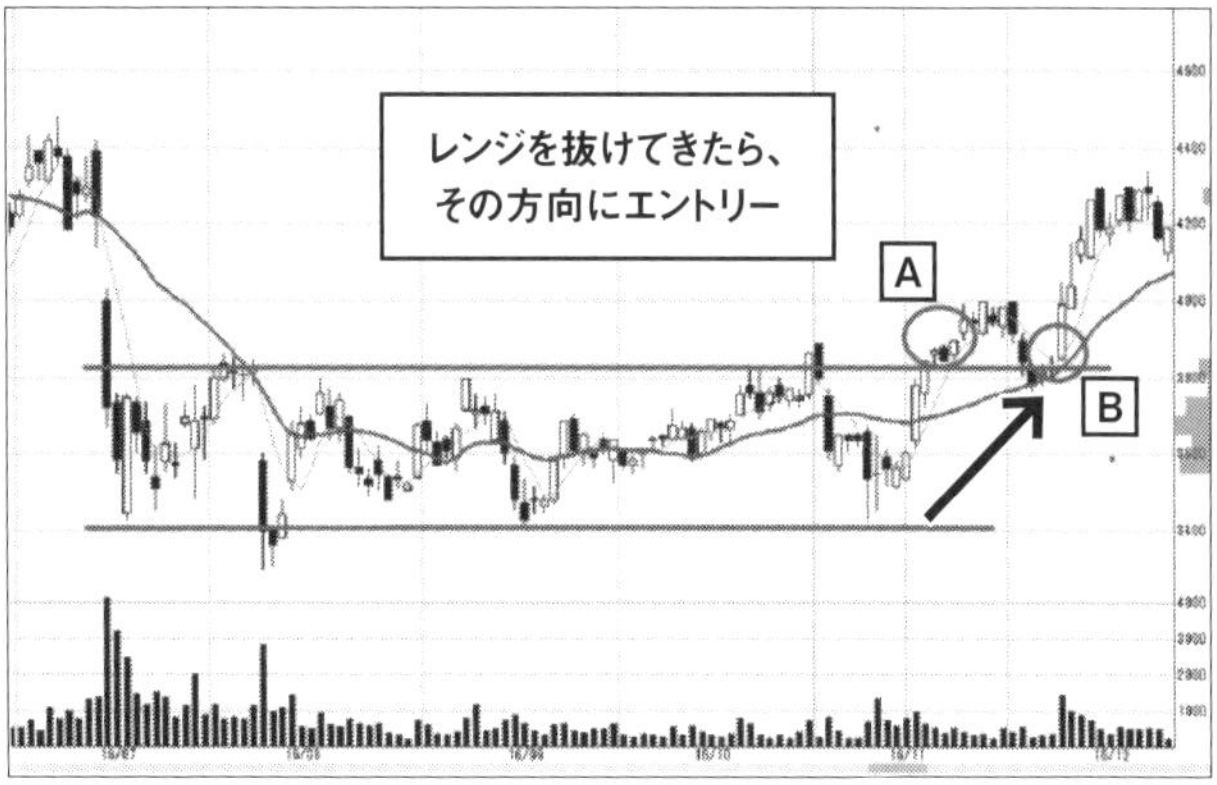
レンジを抜けてきたら、
その方向にエントリー
A
B

ただ、水平線を越えるようなことがあれば、越えた方向にトレンドが発生する可能性があります。下限を越えればさらに下がっていく、上限を越えればさらに上がっていくということです。

その場合は「越えた方向にエントリーする」という方針に切り替えましょう。

具体的には、上のチャートにおけるAのポイントです。水平線の上限を越えたので、買いのタイミングです。

ただ、水平線を一瞬越えてから、レンジ内に戻る動き（「ダマシ」と言います）もよく起こります。そのため、より用心深く取引するには、水平線を越えてから一度戻したBのポイントでエントリーすると、さらに安全です。

■ルール④ スラストアップ（スラストダウン）の完成

「スラストアップ（スラストダウン）」もまた、エントリーの根拠となります。

スラストアップとは一つ前のローソク足の高値よりも、高い値段の終値をつけたローソク足のことです。

スラストアップは、これから上昇していく相場の、初期の段階に見られるものです。つまり、買うタイミングを示すサインになるのです。スラストダウンはスラストアップとは反対に、売りのサインとなります。

具体的にスラストアップ、スラストダウンを見ていきましょう。

左ページの図①、一番左のローソク足から数えて3本目のローソク足を見てください。左から2本目の陰線のローソク足の終値を上回って越えているので、スラストアップが発生しています。このことから、上昇の初動が始まったと考えることができるため、買いエントリーの根拠となります。

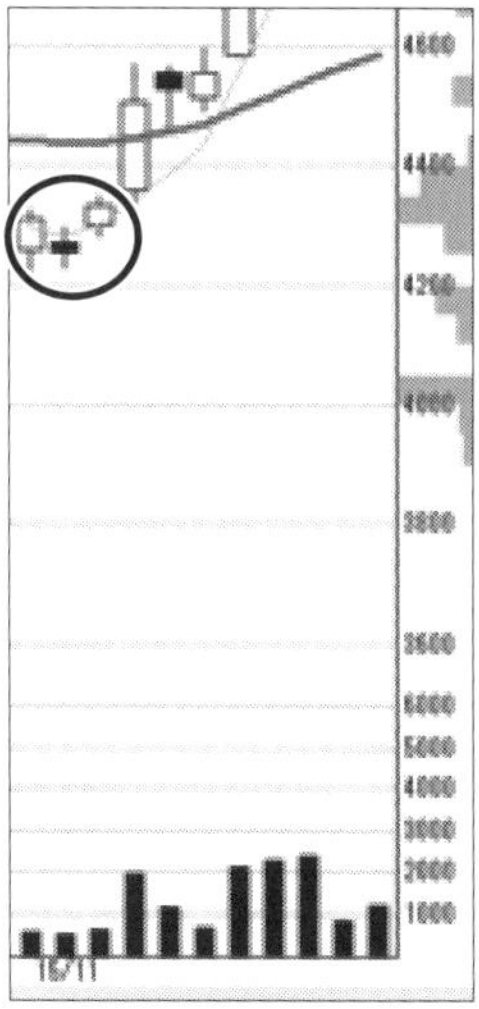

図①

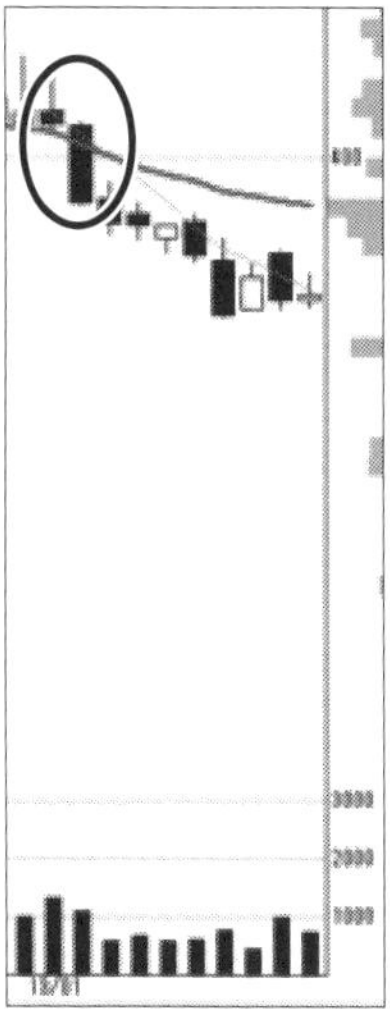

図②

さらに、隣の図②のチャートを見てください。

一番左のローソク足から3本目のローソク足と、左から2本目のローソク足を見比べてください。2本目のローソク足の終値を、3本目のローソク足の高値が下回っているため、スラストダウンが発生しています。

この場合は、下落の初動と捉えることができるため、売りエントリーの根拠となります。

スラストアップやスラストダウンは単体で使用することはあまりなく、前述した移動平均線などと組み合わせるのが基本です。その点は頭に入れておいてください。

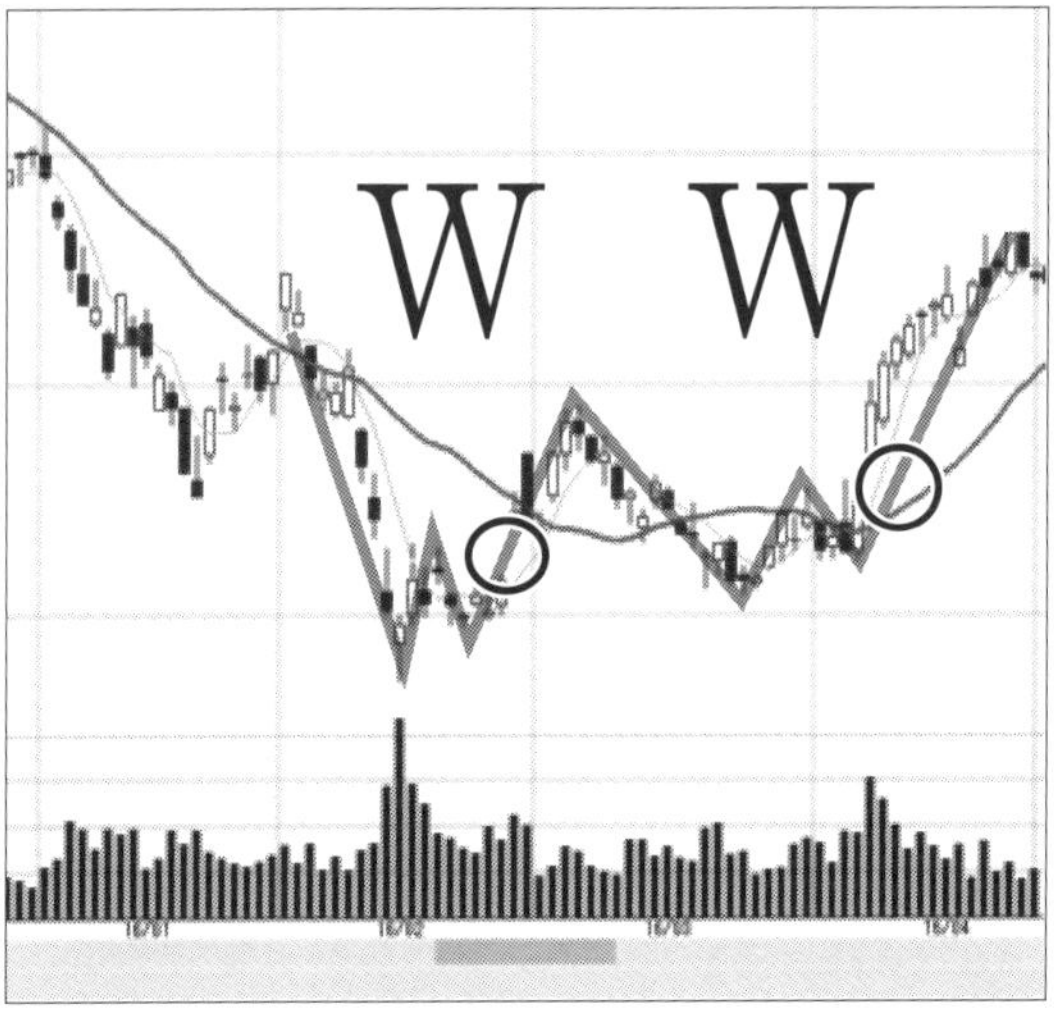

「W」の例

■ルール⑤ ローマ字の完成

三澤流トレードでは、チャートの「形」も重視しています。これまでの経験から、チャートを数多く見ていると、「文字」の形が浮かんでくる場合があることがわかりました。そして特定の文字に似た形が出現した場合、売買に有利になるということにも気づいたのです。

具体的には「W、V、N、I」という「ローマ字」の形です。こうした形がチャートに出現すると、上昇していく確率が高くなります。これは買い目線の場合で、売り目線のときにはこれらの逆の形を探せばいいのです。

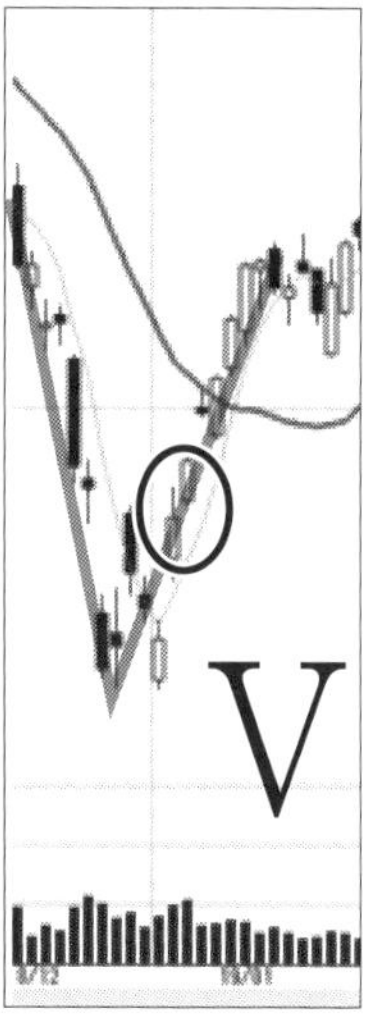

「V」の例

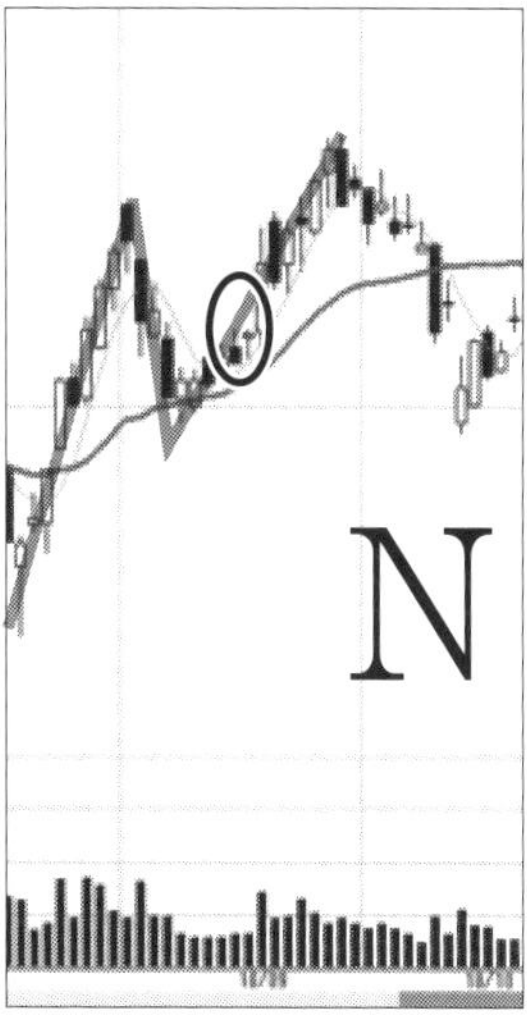

「N」の例

はじめは「W（右ページ）」です。

前ページのチャートを見ていただくと、ローソク足がWの形を描いていることがわかりますね。この形が出た場合、右辺が伸びやすいので、右辺の初動が良いエントリーポイントです。

次は「V」です。

このチャートでは、Vの形が見えますね。Vの場合も、右辺が伸びていきやすいので、「Vの形がある」と見つけたら、Vの右辺でエントリーしてください。

その次は「N」です。こちらも右辺が伸びやすいのでNをチャートに見つけたときも、Nの右辺の初動でエントリーしましょう。

最後に「I」です。

Iは、一気に下から伸びているチャートです。

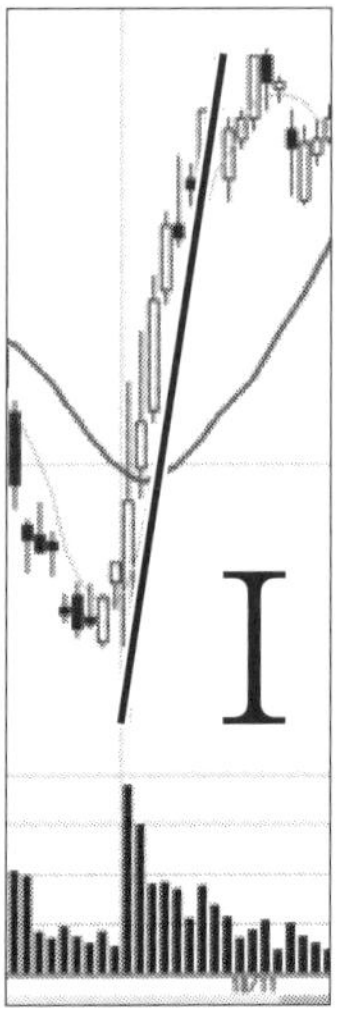

「I」の例

ただ、Iの形状でエントリーする際は他のパターンと比べて、価格の動きが速い傾向があります。そのため、Iの形成後、一気に価格が伸びた後に反転することがよく起きるので、タイミングを間違うと高値掴みをしやすくなります。

従ってIでエントリーする場合は、利確を早めに行うという意識を持っておいた方がいいでしょう。基本的には持ち越しはしないトレードが安全です。

ですから、長くて1日、早くてその日の内に手仕舞いするトレードが基本となります。

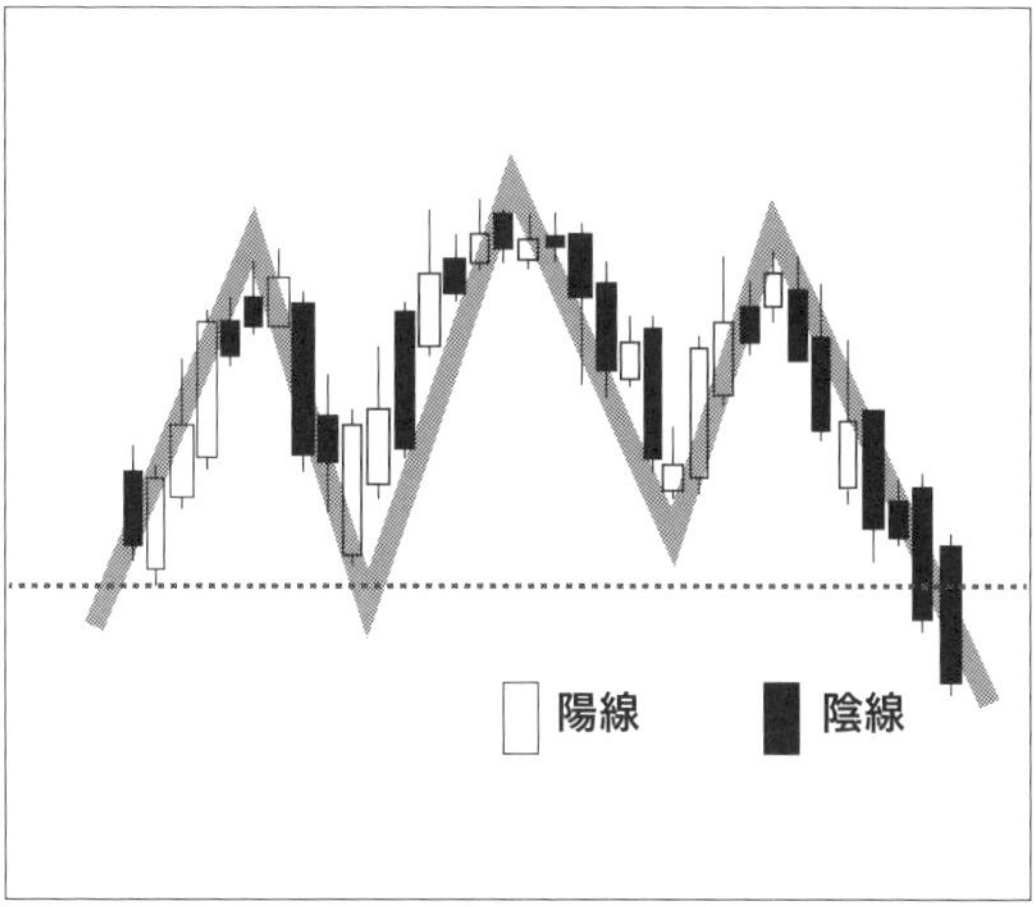

三尊（トリプルトップ）

■ルール⑥ 三尊・逆三尊の完成

「三尊・逆三尊」とは、3つの山（三尊）、3つの谷（逆三尊）で形成されているチャートのことです。

三尊は「トリプルトップ」とも言い、3つの高値を付けた後に下落していく形状のことです。もっと細かく説明すると、1回目の高値を越えたものの、その後反落。再び高値を目指し上がっても、1回目の山を越えられないで、下落してしまう上のチャート画像のような形のことです。

三尊は上昇局面からの転換点で出る形状ですが、下降局面からの転換点に出るのが「逆三尊」です。逆三尊は「トリプルボトム」とも言い、三尊を逆さにした形状です。

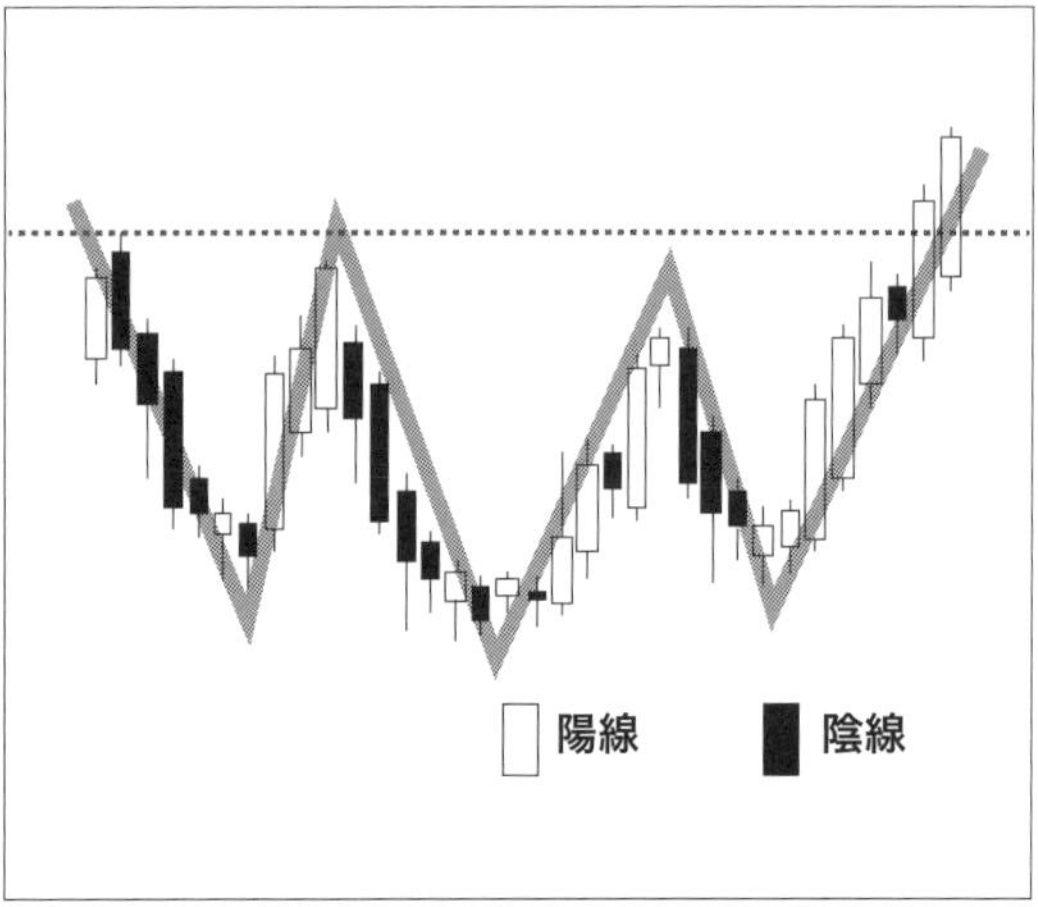

逆三尊（トリプルボトム）

ここで例として出した三尊・逆三尊の形状はあくまでイメージなので明確ですが、実際の相場では少し崩れた形も多くあります。ただし、そうであっても、いくつかあるチャート形状の中でも比較的パターン通りに動きやすい形状なので、しっかりと把握しておきましょう。

三尊・逆三尊の考え方としては、ルール⑤の「ローマ字」と同じです。

逆三尊で買う場合には、図①の○で囲んだポイントのように、右辺ができたらエントリーします。

逆三尊で売る場合は、図②の○で囲んだポイントのように、右辺ができたらエントリーします。

図①

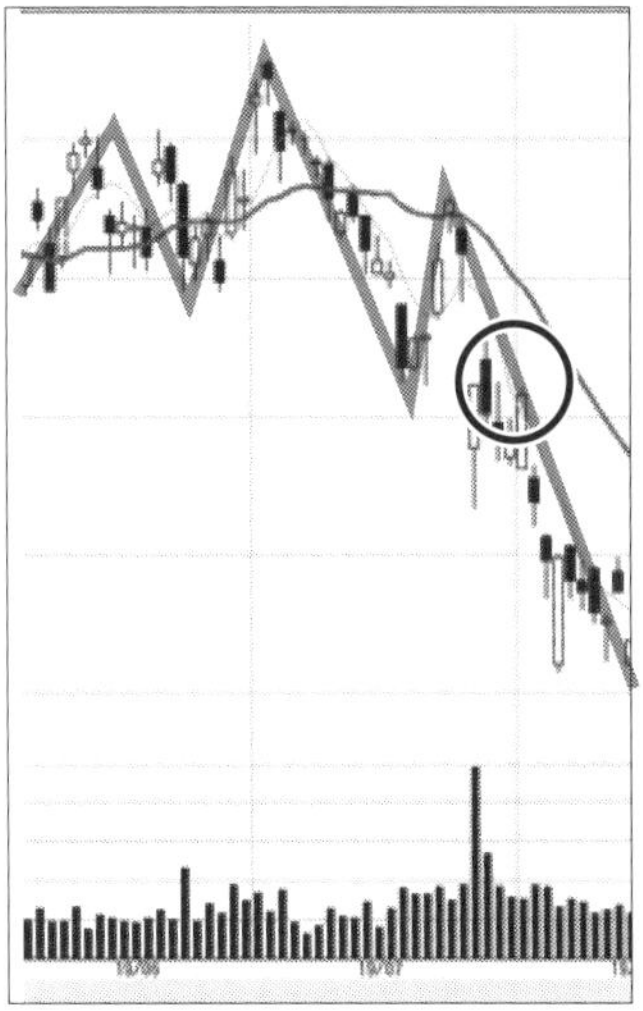

図②

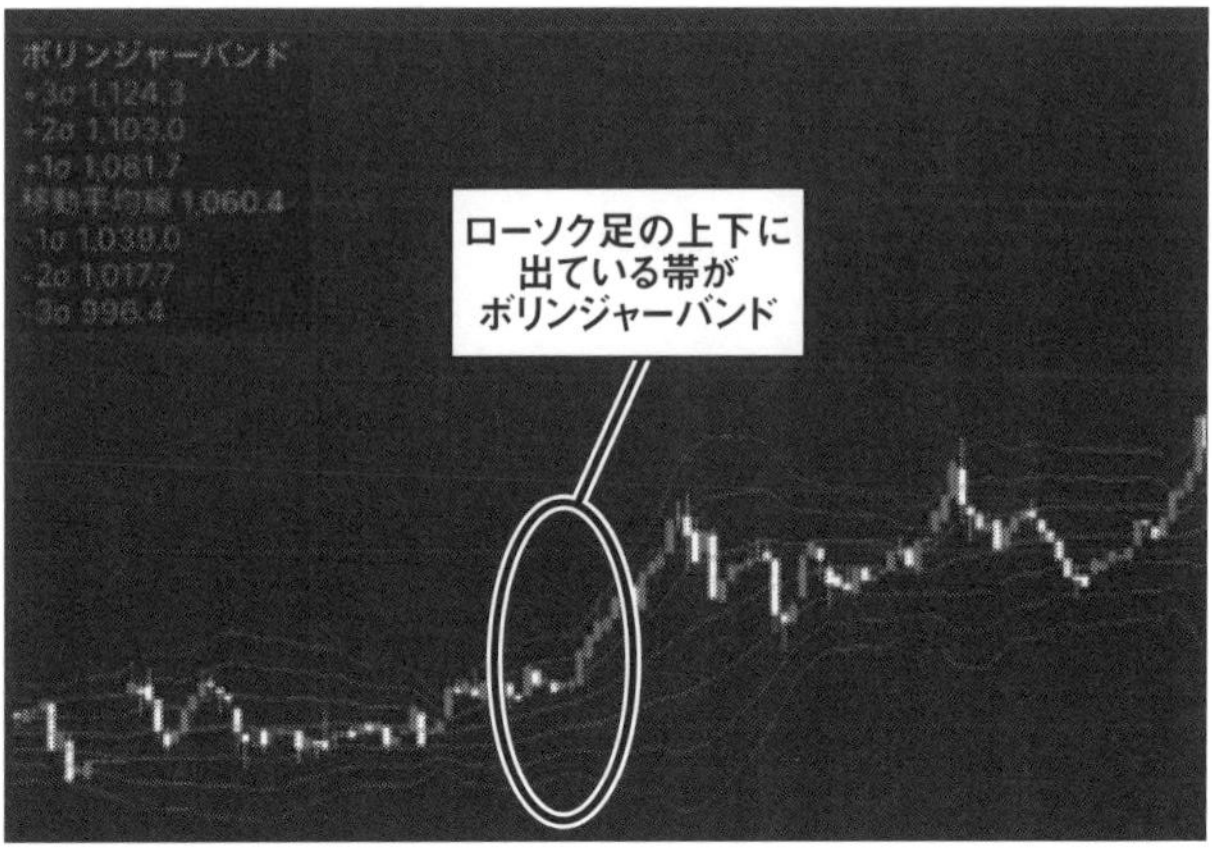

■ルール⑦ ボリンジャーバンドの±3σにタッチ

7つ目のルールは、「ボリンジャーバンド」を使用します。いきなり聞きなれない単語が登場しましたが、安心してください。ボリンジャーバンドは移動平均線の親戚のようなテクニカル指標のことです。

まず、このボリンジャーバンドの基本的な部分を説明していきましょう。

ボリンジャーバンドとは、移動平均線を中心として、その上下の線を合わせた線のことを言います。上のチャートに表示した7本の折れ線グラフがボリンジャーバンドです。ここでは上下に±3σまで表示しているため、中心にある移動平均線を含めると7本となり、これを一つのテクニカル指標として見ていきます。

このボリンジャーバンドは、「値動きがバンドの中に収まる確率」を示しています。

●＋1σ～－1σの間で株価が動く確率　約68・3％
●＋2σ～－2σの間で株価が動く確率　約95・5％
●＋3σ～－3σの間で株価が動く確率　約99・7％

というように、それぞれのバンドごとに価格が収まる確率は異なります。どのような計算によってされているかは、特に理解しなくても大丈夫です。なによりも大事なことは、株価の値動きは、ボリンジャーバンドの線の中に収まる確率が「目で見てわかる」という点です。

早速、実践的な解説に移っていきましょう。三澤流では、このボリンジャーバンドの「±3σ」を見ていきます。

前述した通り、ボリンジャーバンド±3σを越えて株価が動く確率は0・3％以下で、ほとんどの値動きは$\pm3\sigma$の中に収まります。つまり、価格が急騰・急落したとしても、$\pm3\sigma$付近（もしくは少し越えたポイント）で反転する可能性が高いのです。この性質を利用して、「$\pm3\sigma$にタッチしたら、反対方向に売買」というのが三澤流の基本です。２つ目のポイントは、買いで入る場合「-3σにタッチしたローソク足が陽線かつ下ヒゲ」、空売りで入る場合「$+3\sigma$にタッチしたローソク足が陰線かつ上ヒゲ」という条件を加えて絞り込むという点です。

　というのも、いくら$\pm3\sigma$以内に価格が収まる可能性が高いと言っても、１００％ではありません。また、相場では$\pm3\sigma$にタッチしても、価格はその方向に進んでいくという事象がよく発生します。そのため、単に$\pm3\sigma$にタッチしただけではエントリーの条件としては少し弱いのです。より反発する確率が高い場面を見極める条件として「陽線かつ下ヒゲ、陰線かつ上ヒゲ」を追加しているのです。

　つまりボリンジャーバンドを使った売買のルールをおさらいすると、

○買いで入る場合↓-3σにタッチしたローソク足が陽線かつ下ヒゲであればエントリー

○空売りで入る場合↓$+3\sigma$にタッチしたローソク足が陰線かつ上ヒゲであればエントリー

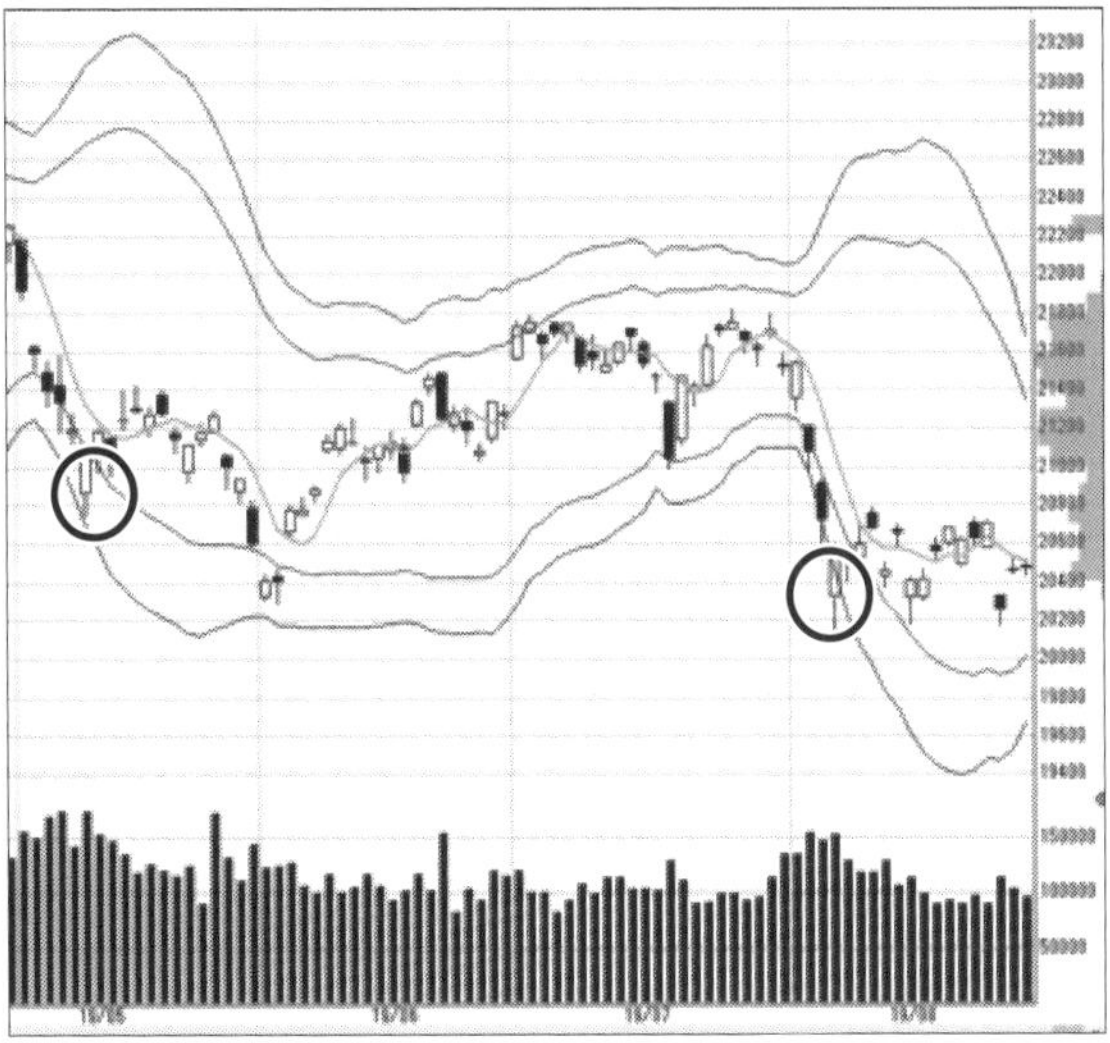

となります。

基本的なルールを押さえたら、実際のチャートで見ていきましょう。ここで紹介するチャートは±3σにより注目してもらうため、中心の移動平均線と±1σを表示しないというアレンジをしています。

次のチャートは2019年5月～2019年8月のチャートです。

ボリンジャーバンドのエントリーの条件を考えれば、

・−3σにタッチ
・陽線
・下ヒゲ

になっている箇所が2カ所あり、ここが買いでエントリーできるポイントです。

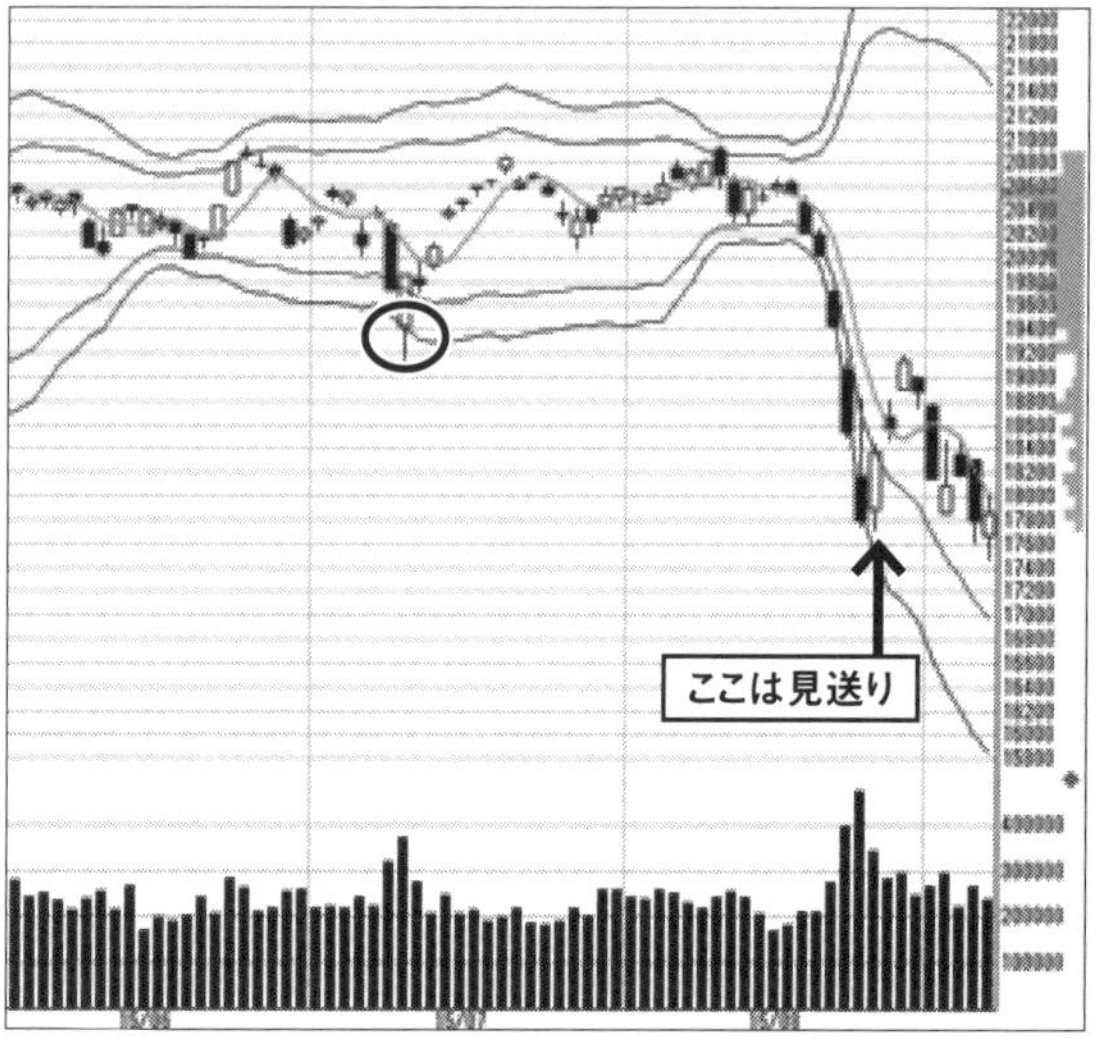

-3σにタッチしたということは、それ以下になる可能性はきわめて低いということを意味しています。なおかつ陽線、下ヒゲという条件が加わっているからです。

上のチャートは、2015年6月末のものです。チャートを見ていただくと、ここでも、

・**−3σにタッチ**
・**陽線**
・**下ヒゲ**

になっている箇所があります。ここが買いのエントリーのポイントです。

「2015年の8月にも同じような箇所があるじゃないか」。そう思われる方もいるかもしれませ

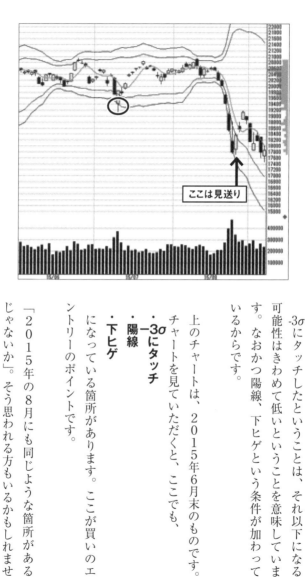

ん。

ここは残念ながら、-3σにわずかにタッチしていないので、見送りましょう。

また、ここでは買いエントリーの例をお伝えしましたが、もちろんボリンジャーバンドを使ったエントリーは、空売りでも対応することができ、「$+3\sigma$に陰線かつ上ヒゲでタッチ」と買いエントリーと条件を反対にすればよいのです。

「いつか上がるはず」

なんて希望は捨てろ!

想定よりも下がったらすぐに損切り。

損切りのタイミングこそ
成功のポイントです。

第5章

すぐに役立つ実践トレーニング

■7つのルールは何度も反復しながら理解する

前章で、三澤流トレードにおける7つのルールについて解説してきました。この7つをしっかり把握することが株式投資で結果を出す近道となります。

そのために、ここからは7つのルールの実践編として、チャート上でどのようなケースがエントリーのポイントになるのか見ていきましょう。

次のページから、それぞれのルールに沿ったエントリーのパターンを解説していきます。

エントリーポイントは○で囲んでいます。本文を読む前にその理由を考えながらチャートを見て、答え合わせをしていくのもよいでしょう。

一度読んでわからない場合は、一旦戻ってもかまいません。繰り返し読みながら「自分の技術」として、三澤流を身につけていくようにしてください。

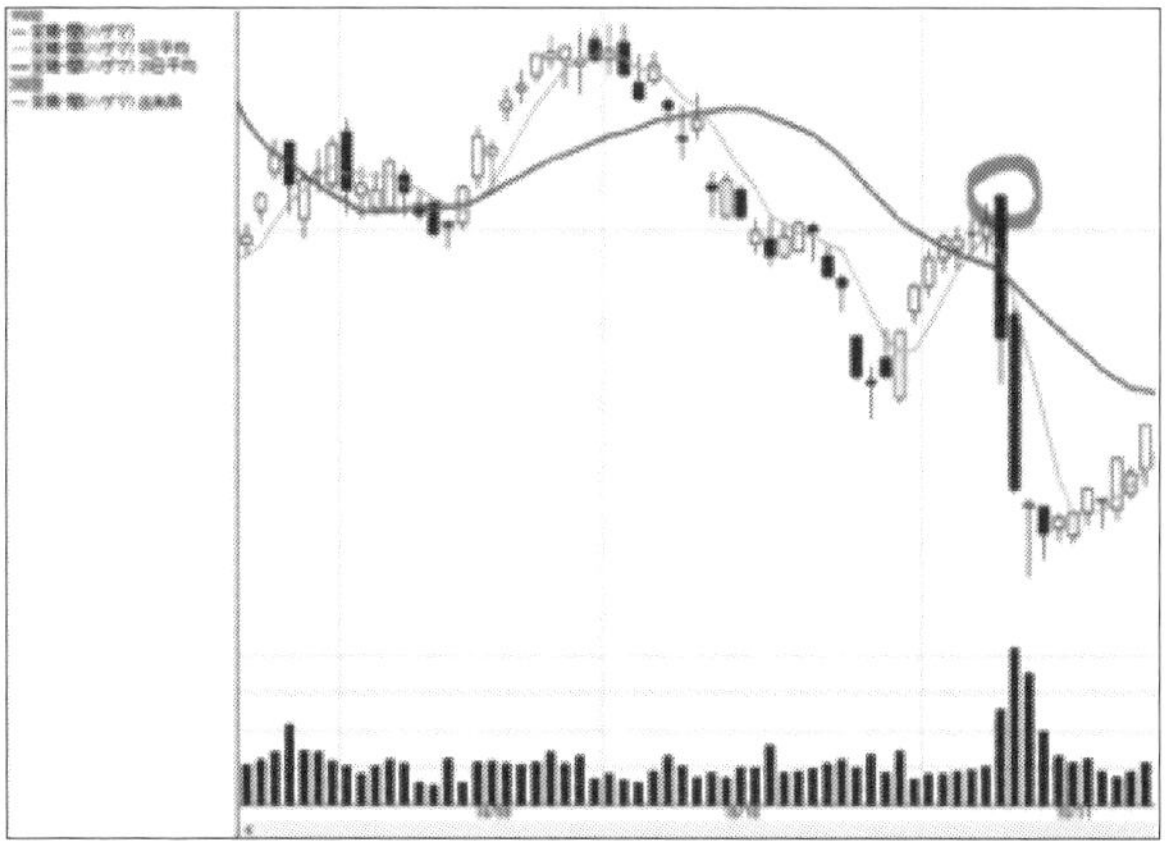

5日移動平均線

まず最初は5日移動平均線を使ったエントリー例です。

こちらのチャートでは中盤以降に5日移動平均線に沿ってしばらく下落が続いています。その後、一時的に反発して、20日移動平均線も越えて、それまでの下げの半分ほど戻しました。

5日移動平均線でのエントリーを考えるのであれば、この戻しを見て、次に5日移動平均線を下に割ったタイミングが適しています。

○で囲んだポイントは陰線から始まっていて、大きな陰線になって下げています。このように、5日移動平均線を下抜けて、価格が動きそうであれば空売りでエントリーします。

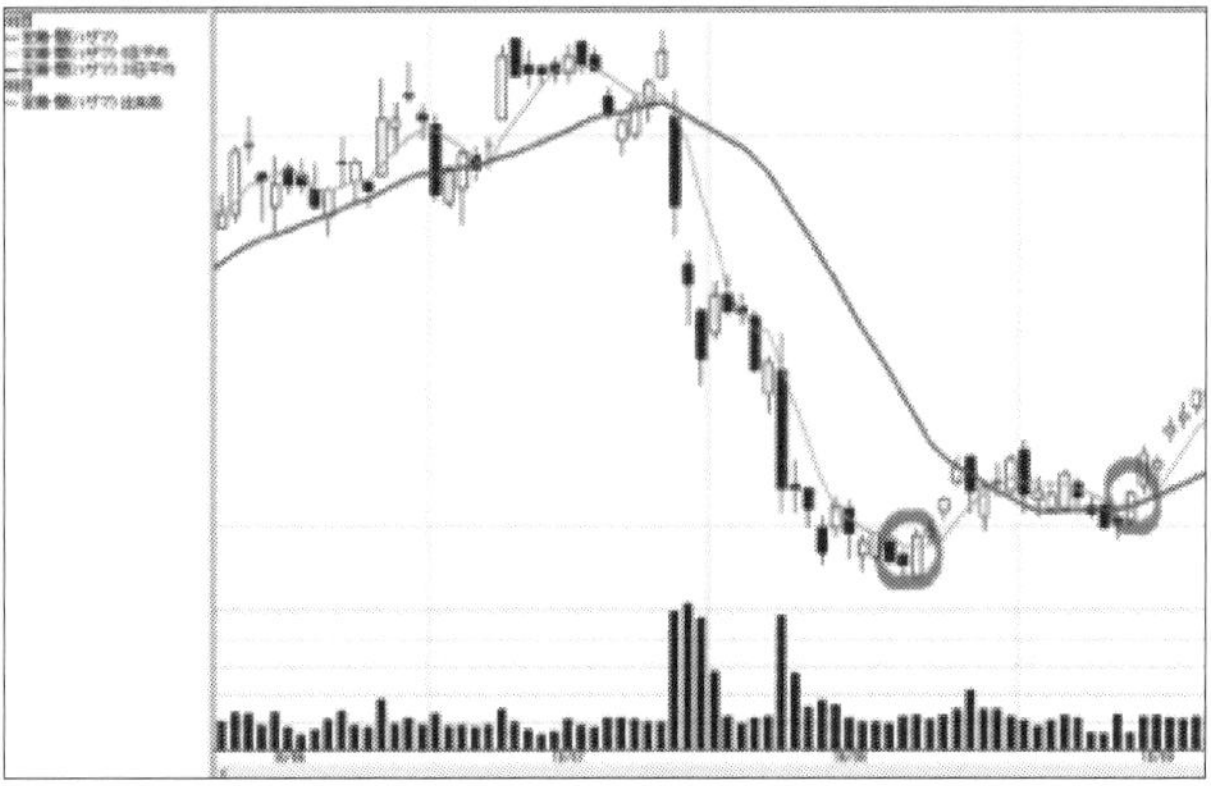

こちらは先ほどとは反対に5日移動平均線を使った買いのエントリー例です。

チャートの中盤以降、5日移動平均線に沿って大きく下がっており、少し底で揉み合っています。

5日移動平均線をベースにエントリーするのであれば、まずはこの揉み合いの状態から、どこで反発するのかを考える必要があります。

実際、長い陽線が5日移動平均線を上抜けることで以降のローソク足が反発していることからも（最初の○で囲んだ箇所）、買いエントリーではここが最初のポイントとなります。

また、そこからしばらく揉み合いましたが、2つ目の○で囲んだポイントで再度、5日移動平均線を上抜けており、ここが2つ目のエントリーポイントとなります。

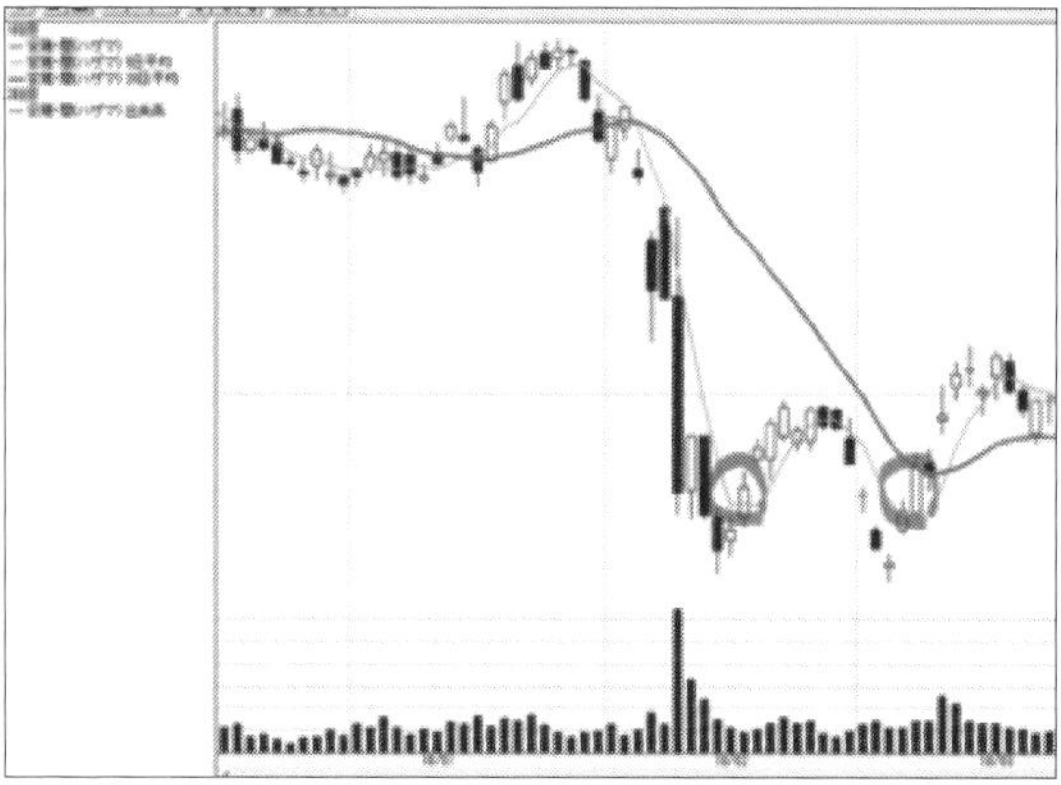

続いて上のチャートは、右ページの例と別の銘柄ですが、似たような状況になっています。

ただ、こちらのチャートでは一方向に動いた後、反発するまでに揉み合う時間がほとんどありません。そのため、買いエントリーの場合は5日移動平均線を上抜けるポイントを探して、準備しておく必要があります。

また2つの○が同じ価格帯にあります。こうしたケースでは、2つ目のエントリーポイント直前で、「一つ目と同じようなパターンで上抜けるのでは？」という想定をしておくことで、エントリーしやすくなります。

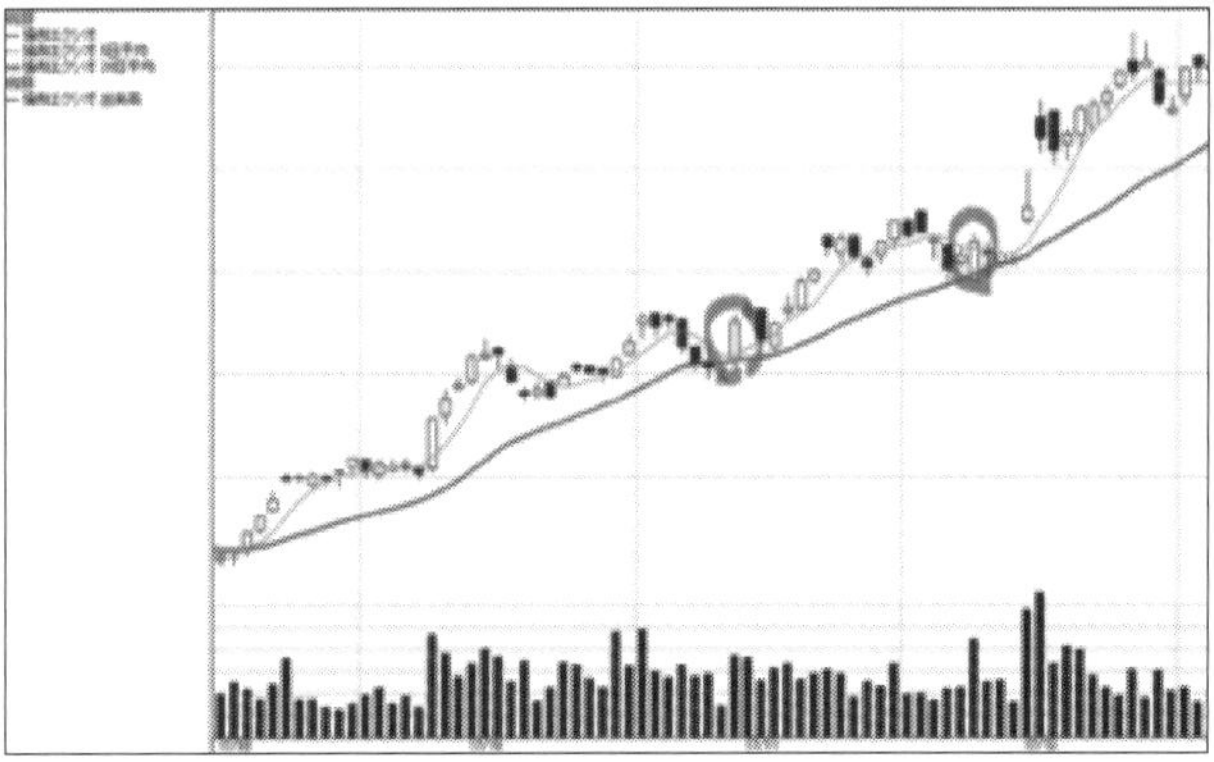

■20日移動平均線

次は20日移動平均線を使ったエントリー例を解説していきます。先ほどと同様にチャートには２本移動平均線が表示されていますが、ここでは20日移動平均線（太い線）に注目してください。

こちらのチャートは、20日移動平均線がほとんど一貫して同じ角度で上昇しています。このことから、綺麗な上向きのトレンドが出ているのがわかります。こうしたケースでは一旦上昇が落ち着いてローソク足が移動平均線の方に下がってきても、綺麗に線の付近で反発することがよくあります。

ここでは○で囲んだポイントのように、ローソク足が移動平均線にタッチした後、陽線で再度反発した箇所がエン

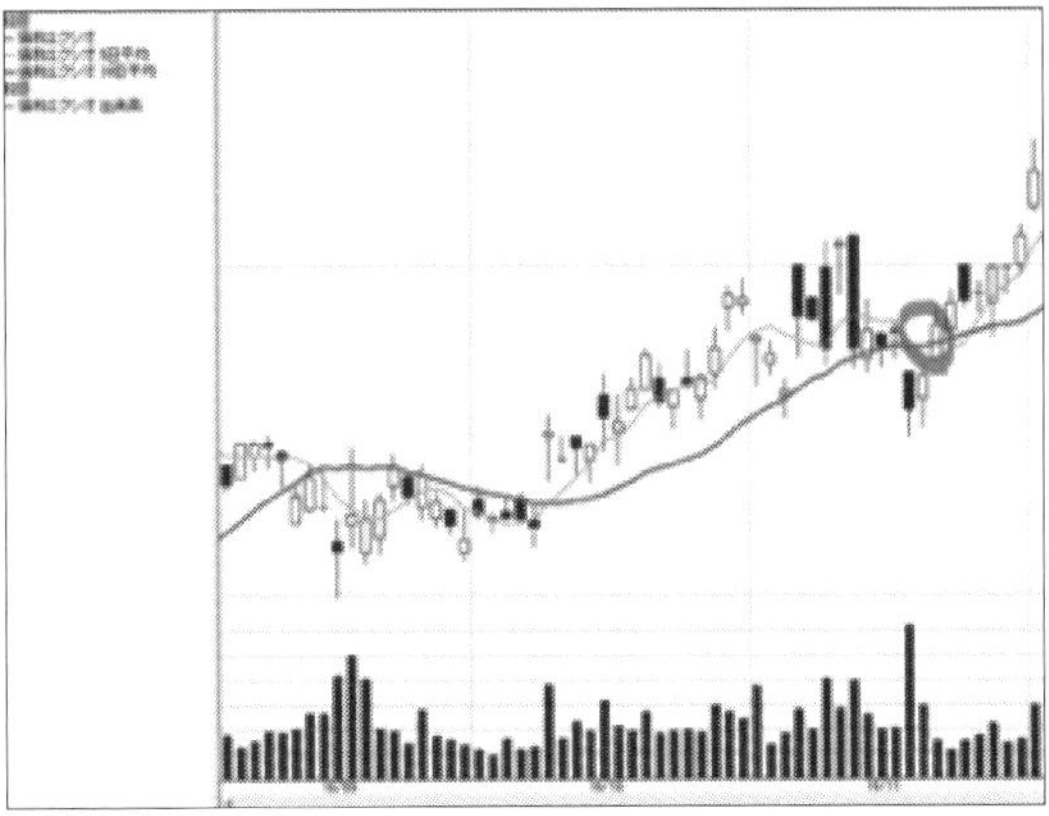

トリーポイントとなります。

上のチャートの中盤以降は、20日移動平均線が上向きです。ただ、先ほどのチャートと異なるのは上昇が一旦落ち着いたところで、一時的に20日移動平均線を下に割っているという点です。

買いで入るのであれば、こうしたケースで価格がさらに下に動くようであればエントリーは控えます。ただ、このチャートの場合、一度ローソク足が20日移動平均線を下抜けた後すぐに反発し、20日移動平均線を上抜いています（○で囲んだポイント）。こうした動きがあった場合は、ローソク足が20日移動平均線を上抜けした時点でエントリーします。

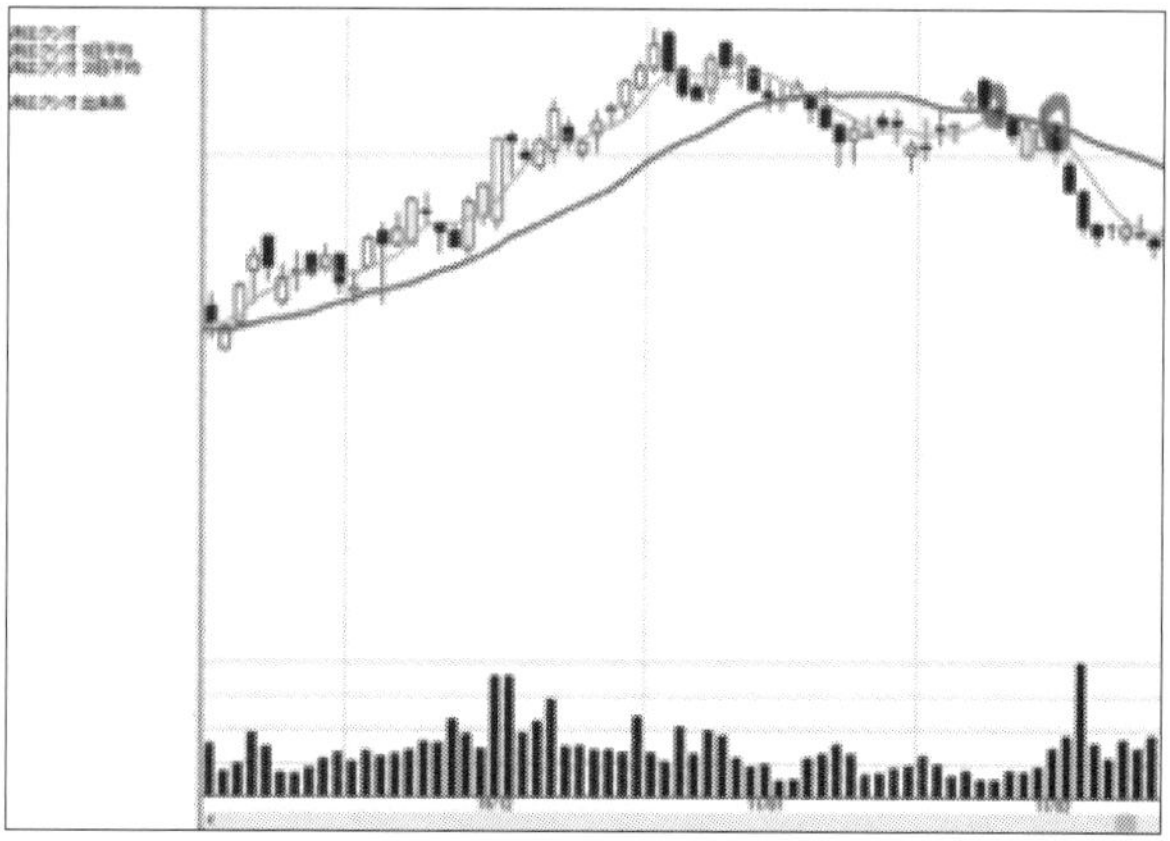

先ほどは買いエントリーの例を２つ見てきました。次は、20日移動平均線を使って空売りする場合の例です。

空売りと言っても、単に先ほどと反対の考え方をするだけです。上のチャートでは、終盤でローソク足が移動平均線を下抜けてから揉み合いになっています。その後、反発して一時的に20日移動平均線を上抜きましたが、すぐに長めの陰線が出て下降しています。ここが一つ目のエントリーポイントです。

先ほどのポイントで空売りをしそびれたり、さらに売り増しをする場合は、20日移動平均線まで一時的に戻した２つ目のポイントでエントリーすることができます。

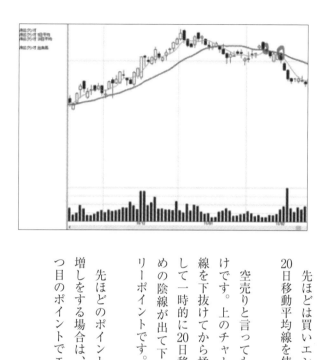

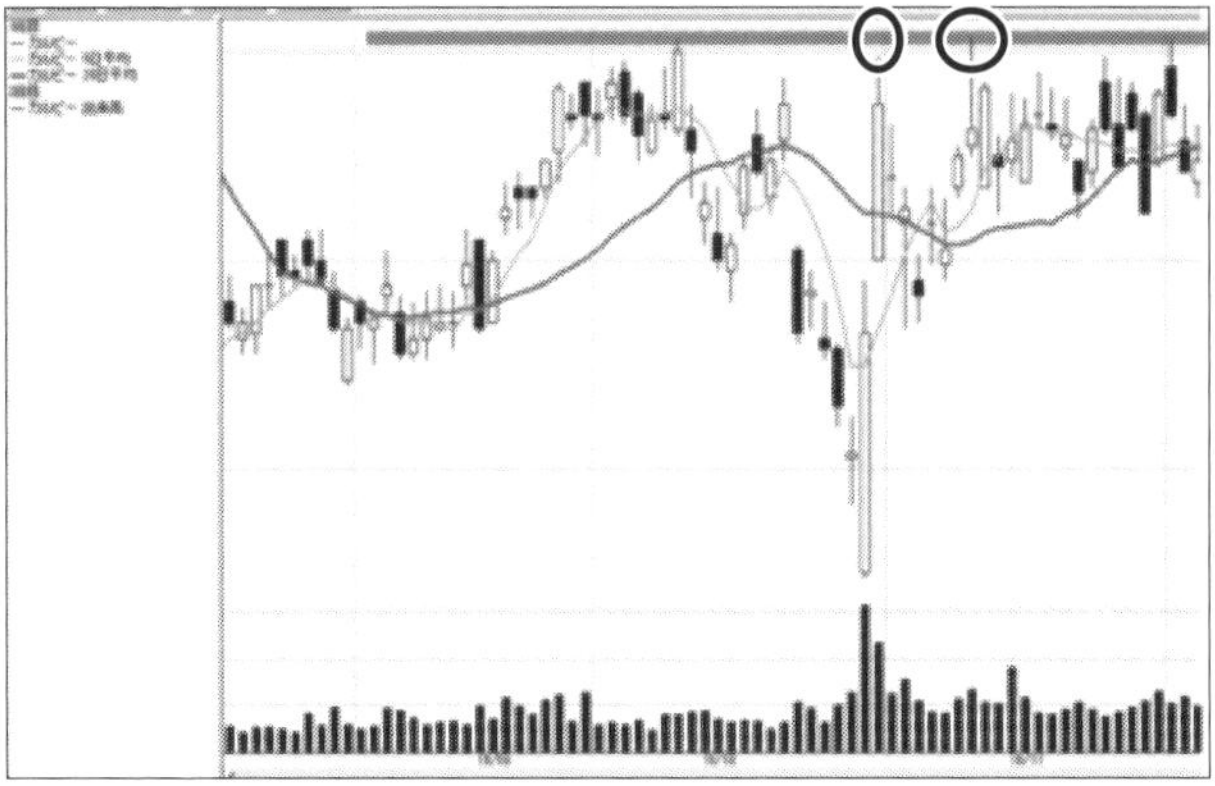

■水平線

次は水平線を使ったエントリー方法です。

こちらのチャートでは、中盤につけた高値に水平線を引いています。その後の動きを見ていくと、一時的に下向きにトレンドが変わりましたが、長い陽線が2本出たことで一気に水平線付近まで戻しています。

ここで注目したいのが、「水平線を抜けるかどうか」という点です。このチャートでは直前に強い陽線が出ましたが、水平線で上昇がストップしています。

このような動きが出れば、反発を狙った空売りトレードのチャンスです。また、そのすぐ後に再度上方向に価格が動いた際も水平線より少し下で止まっています。ここも反発を狙うポイントとして適していることがわかります。

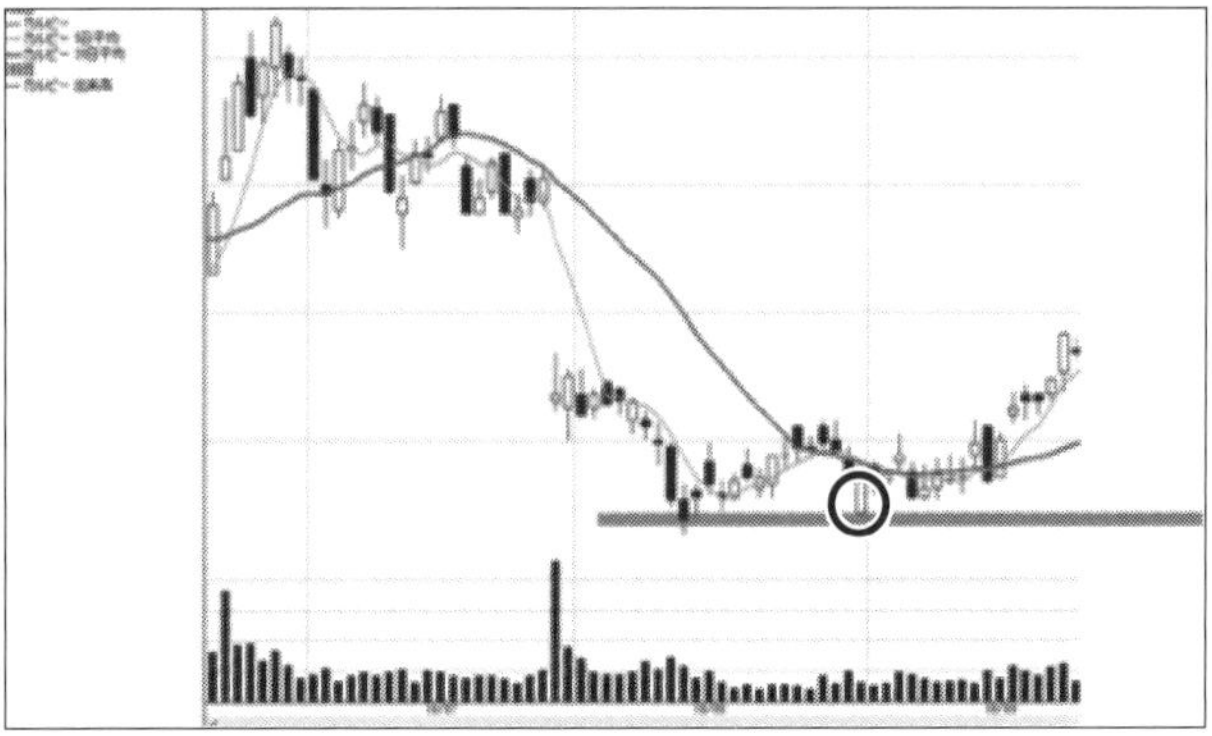

こちらも、水平線の反発を狙った買いエントリーの例です。

チャートの前半で大きく下に窓を開けて価格が下落していきます。その後、下向きの動きが続いていましたが、安値を付けて反発しました。

この安値に水平線を引いて、続く値動きを見ていきます。中盤に再度安値を下抜けようとした動きが出ましたが、水平線で跳ね返されています。したがって、ここがエントリーポイントです。

また、水平線の反発が確認できた時点で5日移動平均線などと組み合わせると、さらにトレードの精度が上がります。

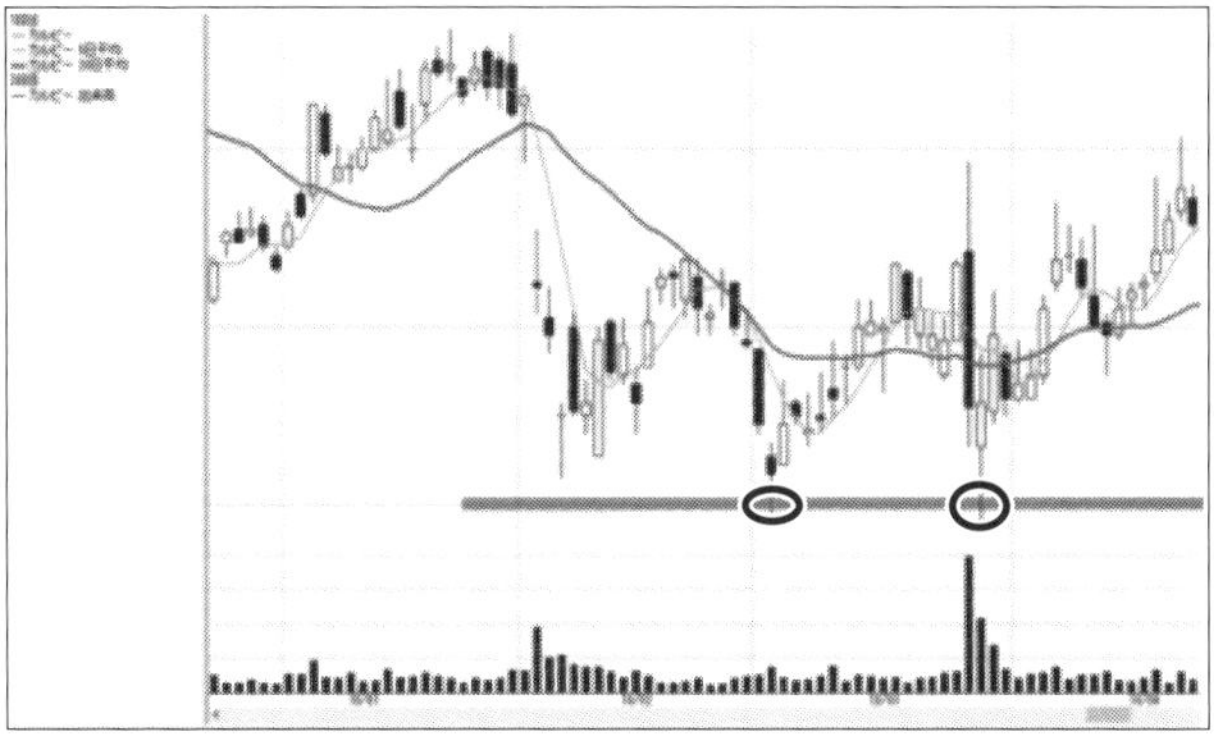

上のチャートも水平線の反発を狙った買いエントリーの例です。先ほどと同様に、前半部分で下向きの窓を開けて大きく価格を下げた後、安値を付けて反発したため、そのポイントに水平線を引いています。

続く値動きを見ていくと、一時的に上昇した後に再度安値を割って下げる動きが出ています。ただ、直近の安値に引いた水平線付近できれいに反発しており、この価格帯が相場で意識されていることがわかります。

■スラストアップ・スラストダウン

図①

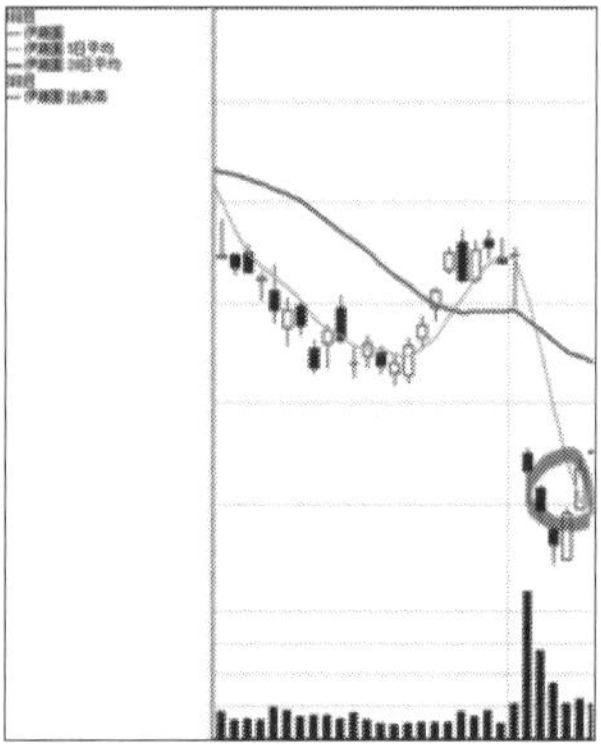

図②

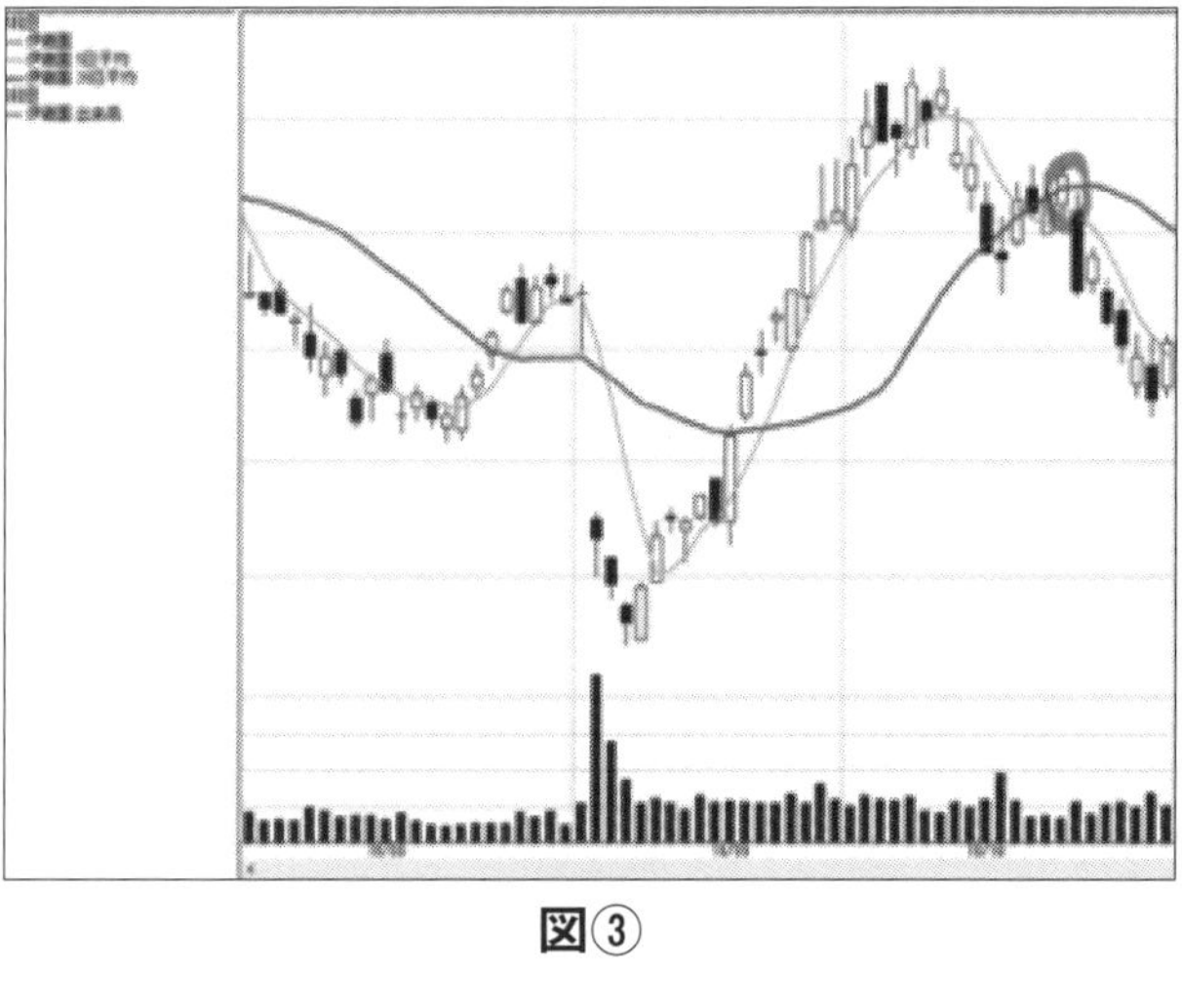

図③

次はスラストアップ（ダウン）を使った、トレンドの初動を狙うトレード例です。

スラストアップとは、買い目線の場合「前のローソク足が付けた高値を、次のローソク足の終値が上回って確定すること」ということは前述しました。

スラストアップやダウンは特に、5日移動平均線の上抜け・下抜けからトレンドが転換するタイミングや、トレンドの押し目に出ることが多いです。そのため、そうした値動きが確認できたら注意しておきましょう。

図①と②では、下向きだった値動きが5日移動平均線を陽線で上抜けています。

その後、上下にヒゲの長いローソク足が出ましたが、次の足がその前のローソク足の終値を上抜けたことでスラストアップが完成しています。

直前に5日移動平均線を上抜けていることを考えると、エントリーのサインが重なることになり、より強いポイントと言えます。

図③は、先ほどとは反対に空売りのポイントです。こちらも5日移動平均線を下抜けたローソク足と、その直前のローソク足とでスラストダウンができていることからも、強い反転ポイントと言えるでしょう。

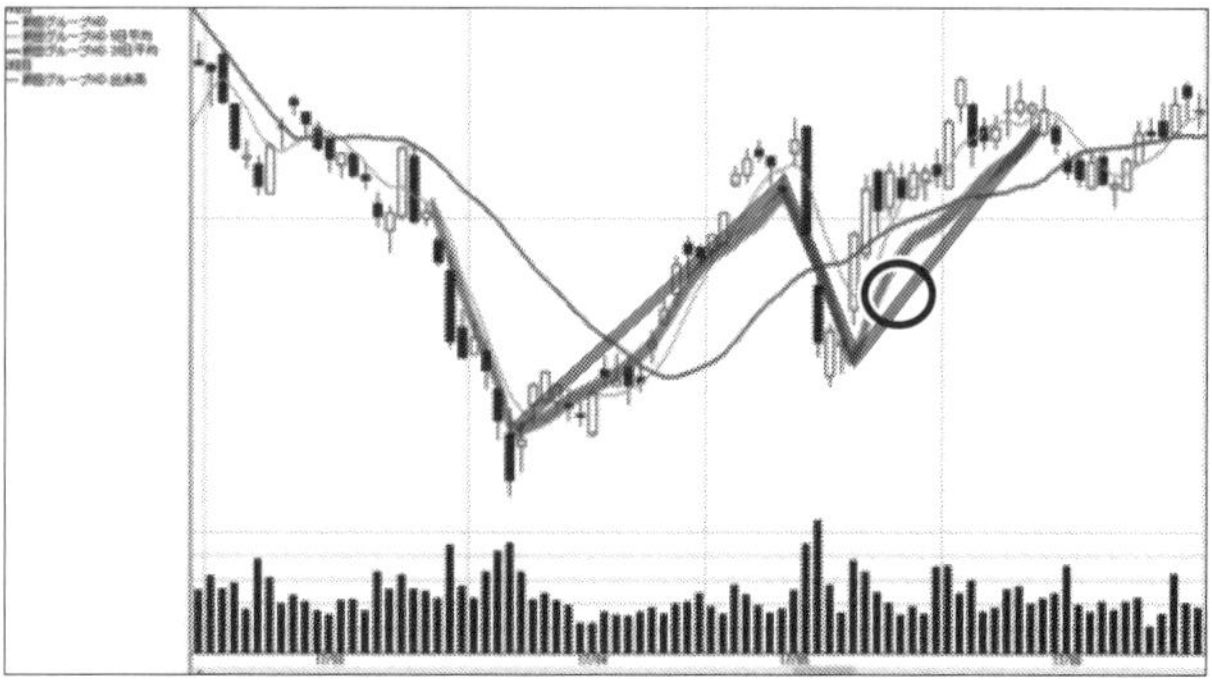

ローマ字

次はローマ字のパターンです。ここでは4つの特徴的な形状が現れているチャートを例に、エントリーするポイントを見ていきます。まずは「N」のパターンです。

チャート上で線を引いているのが、Nパターンに該当する一連の値動きです。

ローマ字のパターンでエントリーする際に重要なのは「形状が完成する直前でエントリーする」という点です。こちらのチャートでもNが完成すると上昇の値動きが鈍っていることからも、〇で囲んだ箇所のあたりで「将来的にNが完成しそうだ」と判断できるようであれば、上昇を狙ってエントリーする、という流れになります。

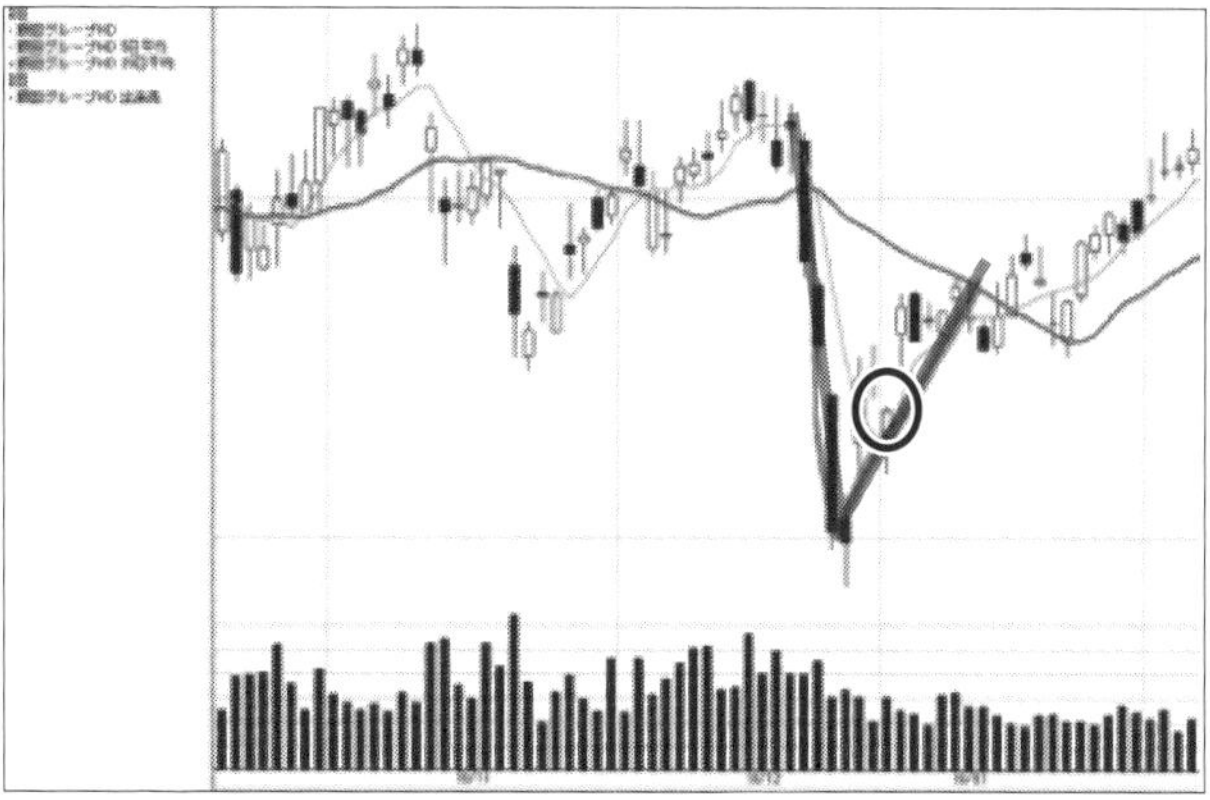

続いては「V」のパターンです。ここでもシンプルにVの右辺が完成する前にエントリーします。

Vパターンの場合、急落からの反転（リバウンド）を狙うことになります。そのため、例えば5日移動平均線からローソク足が離れている状況など、相場が行き過ぎているような状況から反転する際によく見られるパターンです。

そのため、エントリーする際も比較的早めの判断が必要になるという点に注意が必要です。

5日移動平均線のエントリーポイントが、Vパターンのエントリーポイントと重なっています。

こうした複数の根拠の重なりは、よりエントリーの精度が高まるため、必ずチェックしておきましょう。

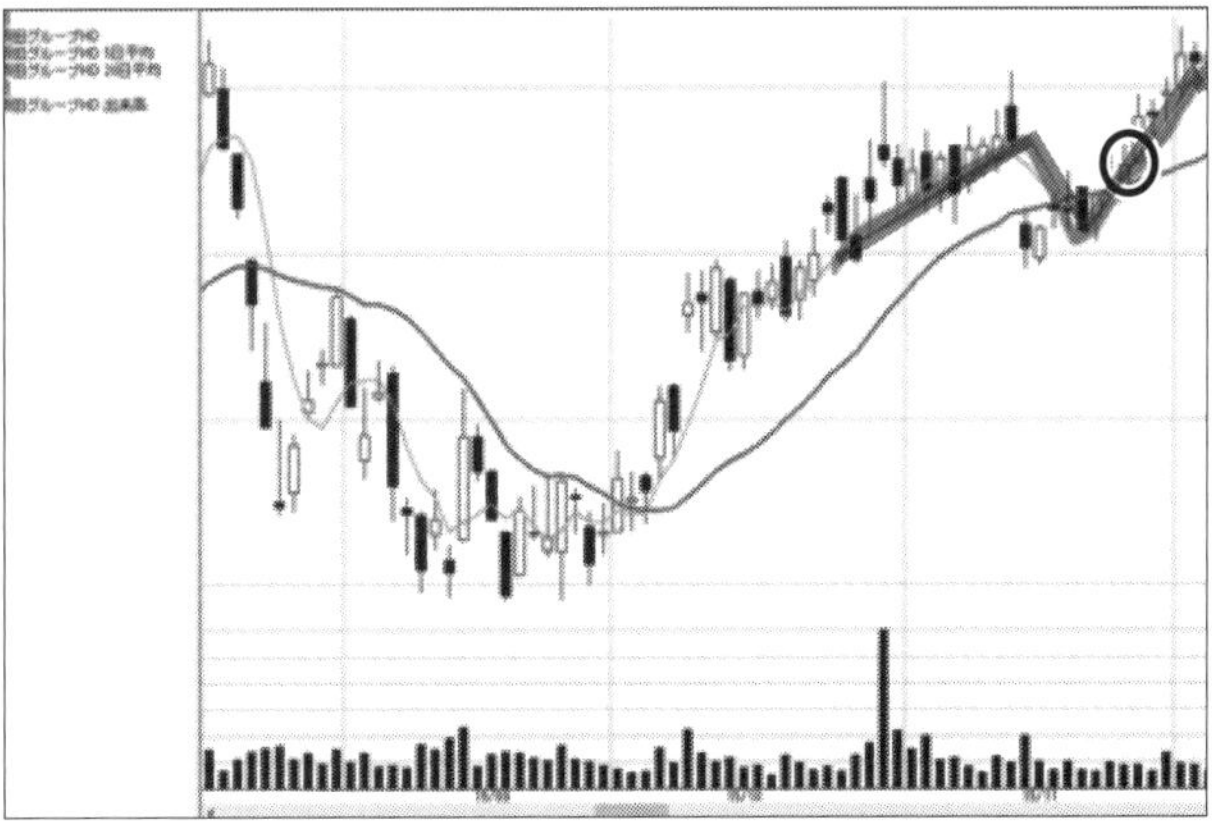

こちらは再び「N」のパターンです。基本的にはP118で紹介したNパターンと考え方は共通しています。ただ、もう少し踏み込んで考えてみると、Vパターンの例で5日移動平均線を組み合わせたように、こちらは20日移動平均線のパターンとの共通点があることがわかります。

特に○で囲んだエントリーポイントは、Nパターンが完成する直前の動きであるとともに、20日移動平均線の下に入ったローソク足が、再び20日移動平均線を上抜けるポイントでもあります。この2つのサインの重なりを考えると、○のポイントはNパターン単体よりも強い根拠があると考えてよいでしょう。

ローマ字の最後は、下向きに出た「I」のパターンです。表示したチャート終盤の大きな下げがIのパターンとなります。

前述した通り、ローマ字の中でもIは急激な値動きであるケースがほとんどです。当然利確するタイミングも比較的難しいですが、Iのパターン単体で見ると、エントリーするタイミングも難しいパターンです。

そのため、例えば移動平均線の上抜け・下抜けなど、他のルールでのエントリーポイントを組み合わせてみましょう。そうして複数の根拠が重なるようであればエントリーといったように、慎重な判断が必要になることを頭に入れておきましょう。

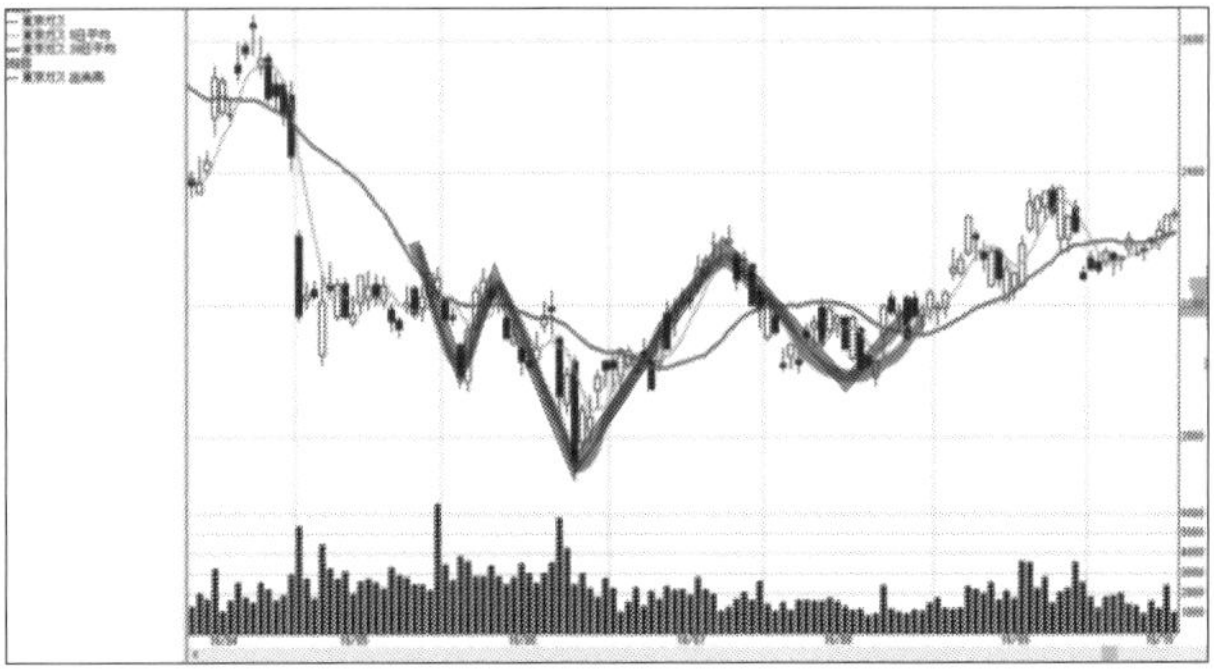

三尊・逆三尊

次は三尊・逆三尊の例です。ここでは線を引いた箇所で買いのエントリーポイントである逆三尊が出ています。

チャートの前半から見ていくと、下向きに窓を開け、それに伴って大きく下落しています。その後に付けた安値から下向きのトレンドが出てから、最も下の安値を付けた後、一度大きく戻しました。

そこから再び安値を切り下げようとしましたが、反発することで逆三尊の右の山が完成しています。三尊・逆三尊は、まず何度かローソク足が相場の底を下抜けようとしています。それが失敗したことで市場参加者が改めて相場の底を確信し、上方向に向かっていくという、まさに「市場心理」が表れているパターンと言い換えることができます。

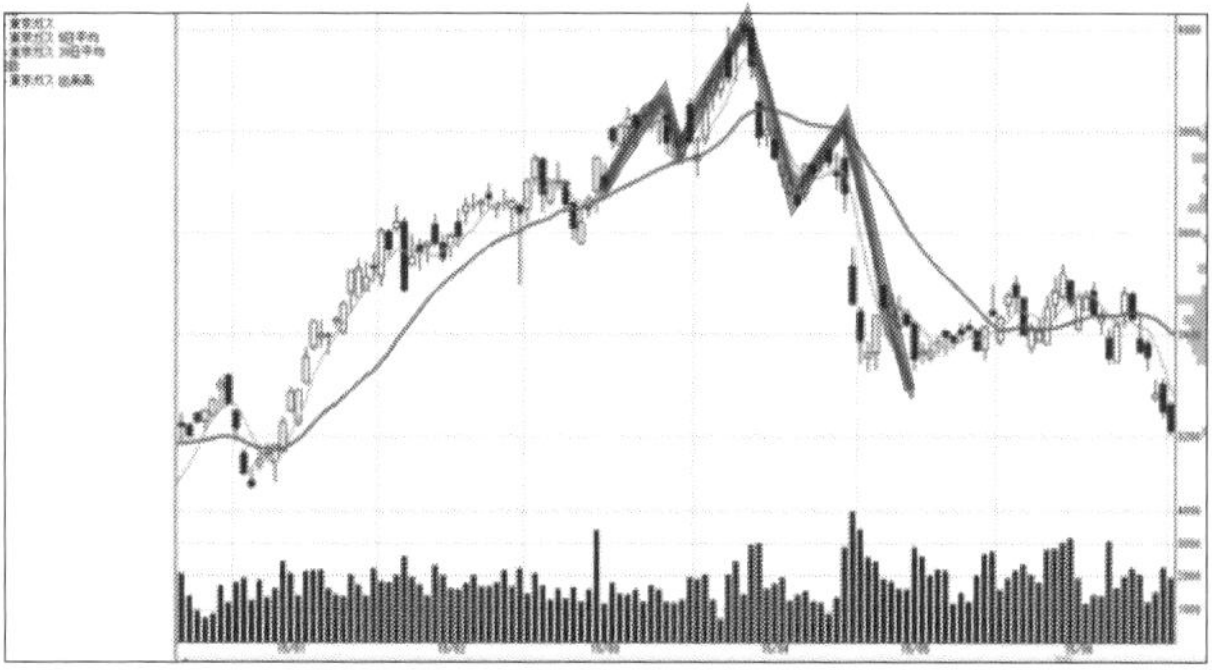

次は上昇トレンドから下降トレンドへの転換サインとなる三尊の例です。ここで確認できる三尊は、非常に綺麗に形が完成しており、まさに典型的な「三尊完成からの相場転換」が起きた例と言えます。

ここで重要な点が2つあり、一つは三尊の最後の山が20日移動平均線にぶつかった後にローソク足が反転し、トレンド転換している点です。これは、20日移動平均線の空売りポイントとも共通しています。

また、2つ目のポイントは、三尊の真ん中の山から下向きの値動きの端に注目すると、売りのNパターンとも考えることができるという点です。

このチャートの場合、三尊+20日移動平均線+Nパターンという3つのエントリーポイントが重なっており、非常に確度の高い空売りのポイントと言うことができます。

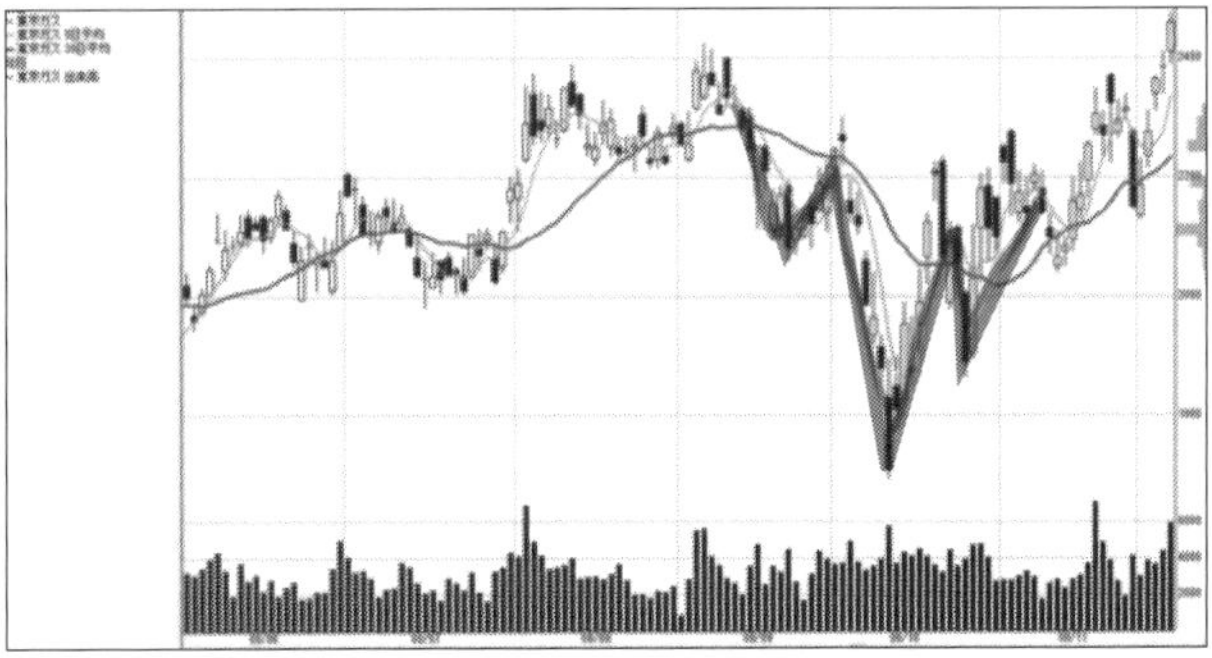

こちらは再び逆三尊の例です。ここで興味深いのは、逆三尊の前後を見ると、上昇トレンド→逆三尊→上昇トレンドというように、前半部分で上昇トレンドが一旦終わったかのように見えた値動きが、一度、逆三尊を形成することで再び上昇トレンドに復活したという点です。

先ほど解説した2つの例では、三尊・逆三尊がトレンド転換のターニングポイントになったことがわかります。ただ、こちらの例では少し引いて見ると逆三尊が上昇トレンドの押し目になったことがわかります。

パターン自体を理解することはもちろん重要ですが、こうした目線を持っていると、より深くパターンを理解することができます。

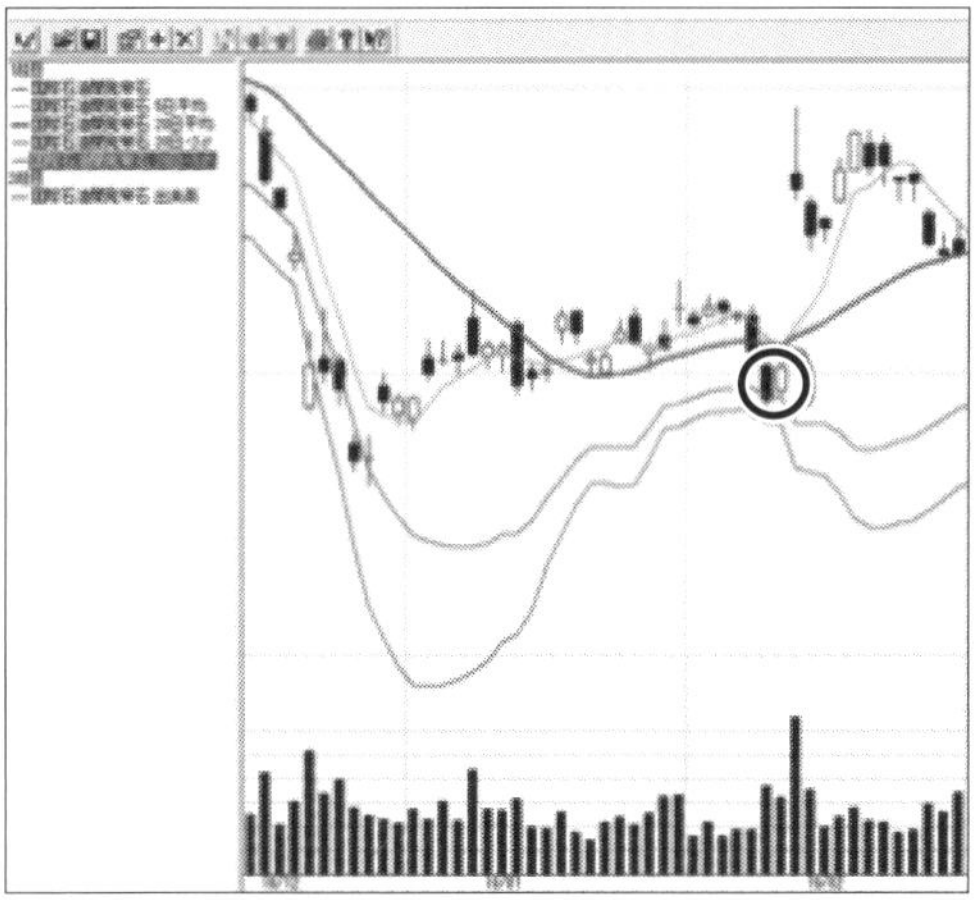

■ボリンジャーバンド

最後はボリンジャーバンドのエントリー例を3つ紹介します。

1点、前述してきたボリンジャーバンドのチャートと少し異なる部分があります。ここではより説明をしやすくするために、中心線（移動平均線）と下側の−2σ～−3σのみを表示してあります。少し違和感があるかもしれませんが、基本的な設定は全く一緒なので、安心してください。

こちらでは○で囲んだ箇所が買いのエントリーポイントです。ルールは前述した通り「−3σに触れたローソク足が陽線かつ下ヒゲ」です。○で囲んだポイントはまさにその条件を満たしており、ここで買うことで、その後の値動きが上昇したことがわかります。

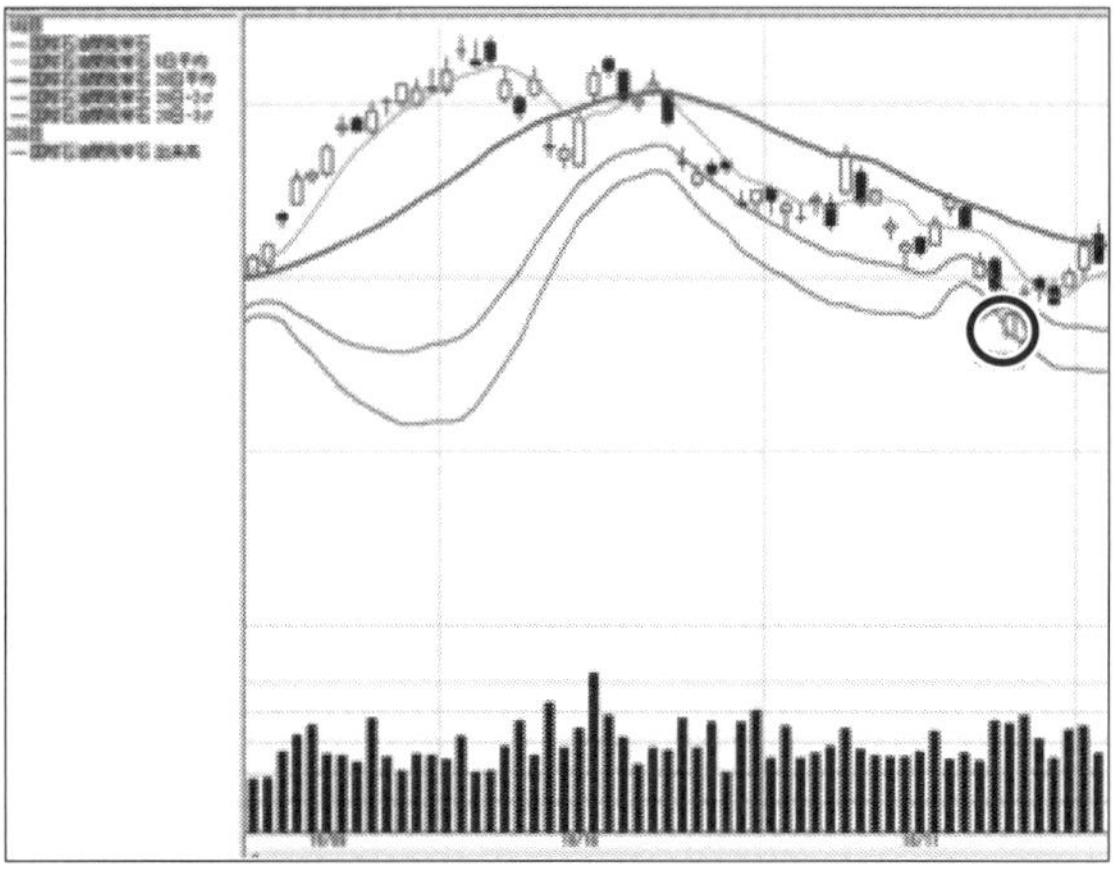

続いては下落トレンドの中で発生した買いのエントリーポイントです。このチャート上でボリンジャーバンドを使った買いのルール「-3σに触れたローソク足が陰線かつ上ヒゲ」を満たしているのは○で囲んだ箇所しかありません。

重要なのはこのルールを厳密に守るという点です。例えばチャートの中盤では-3σに非常に近い位置にローソク足があります。ただ、ここはルールを満たしていないので見送ります。実際、その後の値動きを見ても、-3σに近づいたローソク足よりも下がっています。

株取引ではこのように、「設定したルールを満たしていないけれど、それに近い値動きをする」ということがよく起こります。しかし、そのたびに誘惑に負けていると株式投資で勝つことはできません。まず「ルールを守る」。これができて初めてスタートラインに立つことができるのです。

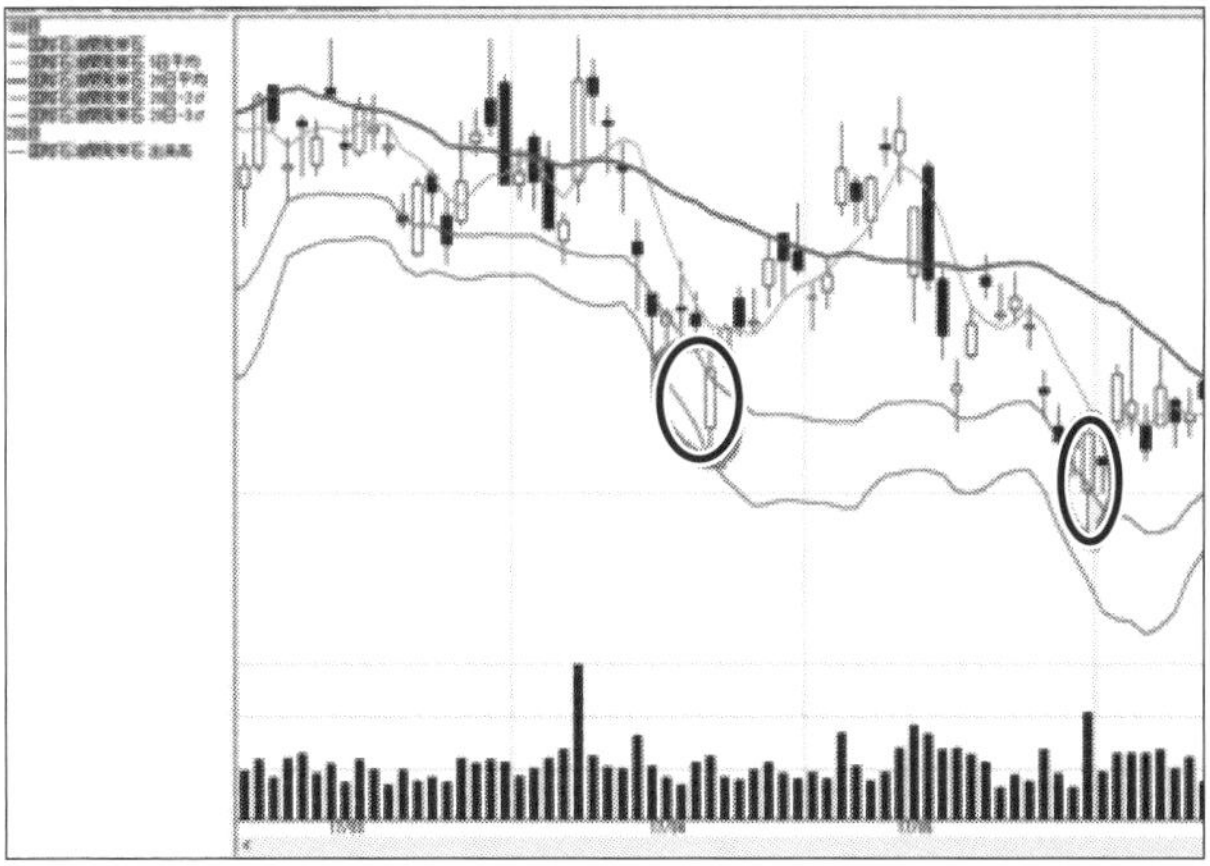

上のチャートも、下向きのトレンドの中で、−3σにタッチした後に短期的に反発した例です。

このチャート上で、ボリンジャーバンドを使ったエントリーのルールを満たしているのは、真ん中の○で囲んだ箇所のみです。

二つ目の○は、確かにボリンジャーバンドにタッチしたローソク足が下ヒゲで陽線を付けていますが、肝心の−3σに触れていません。−2σも統計的には95・5%の確率で値動きが収まるので、全くの不正解とは言えません。ただ、より厳密さを求めるのであれば−3σのタッチのみをルールとして考える必要があるでしょう。

■実践問題集にチャレンジ

さて、先ほどは7つのルールをもとにしたエントリー例を解説してきました。三澤流ではこのように、チャートから情報を読み取って、ルールを満たしたときだけトレードします。

早足での説明だったので、まず理解して「自分のものにする」には時間がかかります。そこで、少しでも早く読者の皆さんに三澤流トレードを身につけてもらえるよう、例題を用意しました。次のページから始まる例題を使って、売買のポイントを探すトレーニングをしてみましょう。

それぞれのチャートごとに、2ページ単位で構成しています。

最初のチャートには何も印を付けていません。ページを開くと、私がエントリーポイントとしたところに、印を付けています。

まずは印の付いていないチャートをじっくりと眺めてみてください。そしてここまでに説明したルールを思い起こしながら、どこで売買をするのか、考えて印を付けてみましょう。

そのあと、ページをめくり、私がどの箇所で売買をしているのかを確認してみてください。

例題 ①

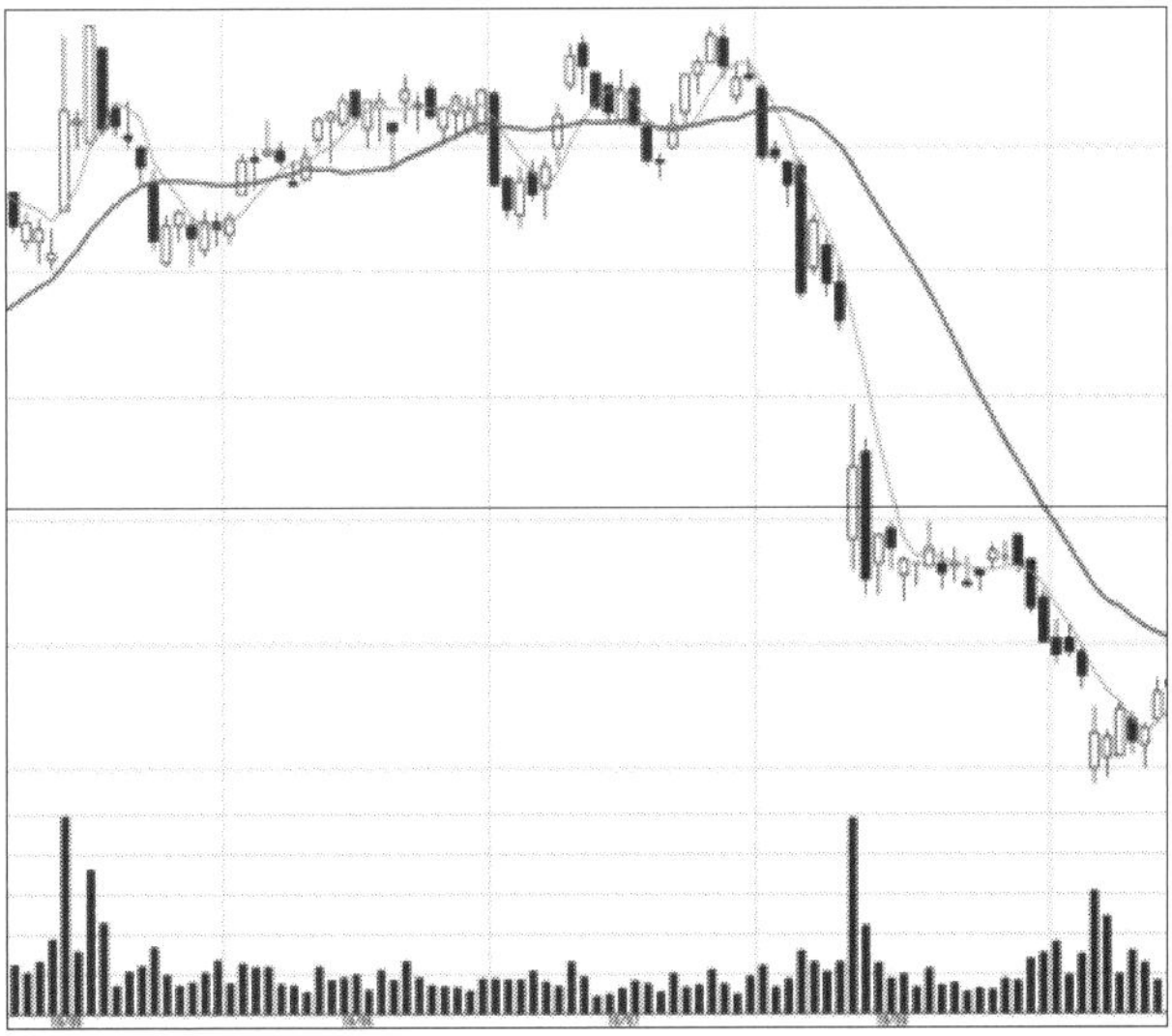

例題①・解答

こちらのチャートですが、表示しているのがローソク足と移動平均線だけだったので、移動平均線に注目してしまった人も多いかもしれません。

しかし、こちらのチャートで本当に確認するべきは、チャート前半で付けた「高値と安値」です。

特にチャート中盤以降、高値を更新できずに安値に引いた水平線まで価格が下がったと同時に、水平線を下抜けました。これはレンジが崩れたことを意味するので、私はこの水平線を下抜けたタイミングで空売りを仕掛けています。

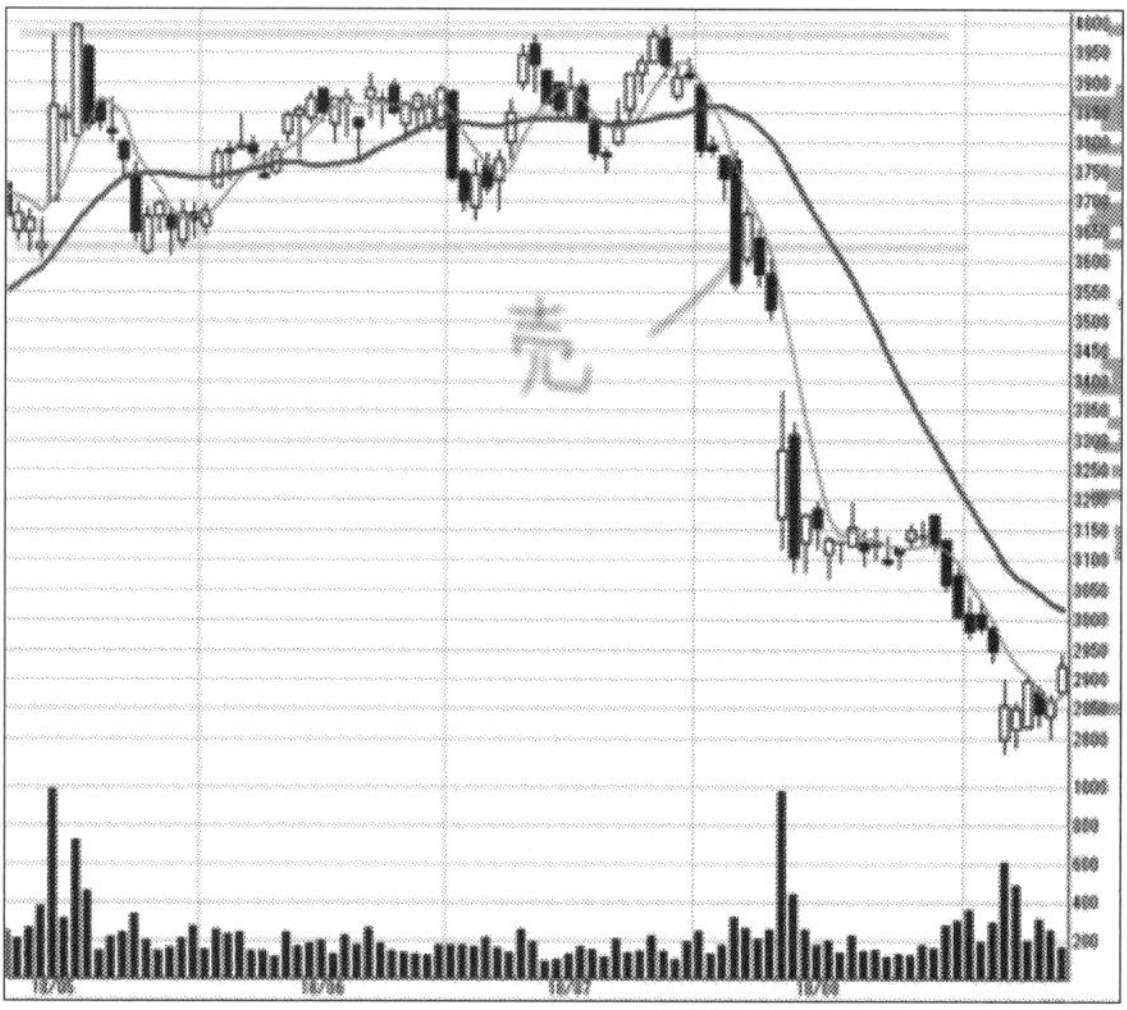

例題 ②

例題②・解答

こちらもチャート前半でできた高値と安値に水平線を加えることで、終盤までレンジが続いたことが視覚化されました。

明確なレンジが続く相場では、移動平均線などを基準にエントリーポイントを分析するというよりは、レンジを抜けたタイミングでエントリーした方が勝率が上がります。

そうした視点から安値を下抜けたポイントで仕掛けるという選択をしました。

例題
③

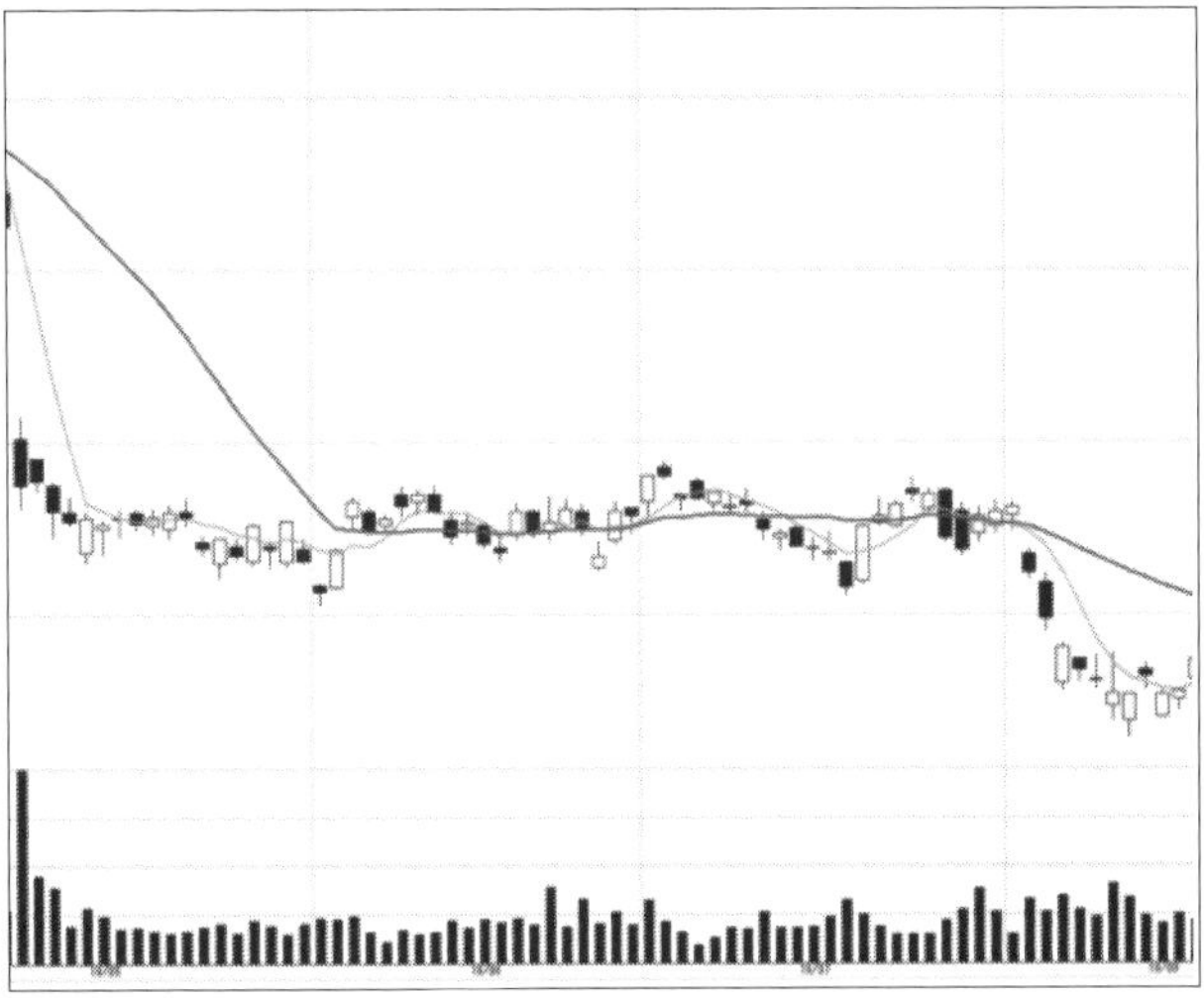

例題③・解答

こちらも大前提として、チャート序盤に付けた安値付近と、中盤に付けた高値に水平線を引き、それを抜けた方向にエントリーしています。

ここで重要なのが、レンジの中で三尊やNのパターンが完成しており、ちょうど安値に引いた水平線を価格が抜けるタイミングが、上記のパターンの完成と重なっているため、より下向きの力が相場に働きやすくなっているという点です。

実際に空売りを仕掛けたポイント以降、下向きに大きく価格が動いており、こうした相場におけるターニングポイントには複数のサインが重なるということは頭に入れておいた方がよいでしょう。

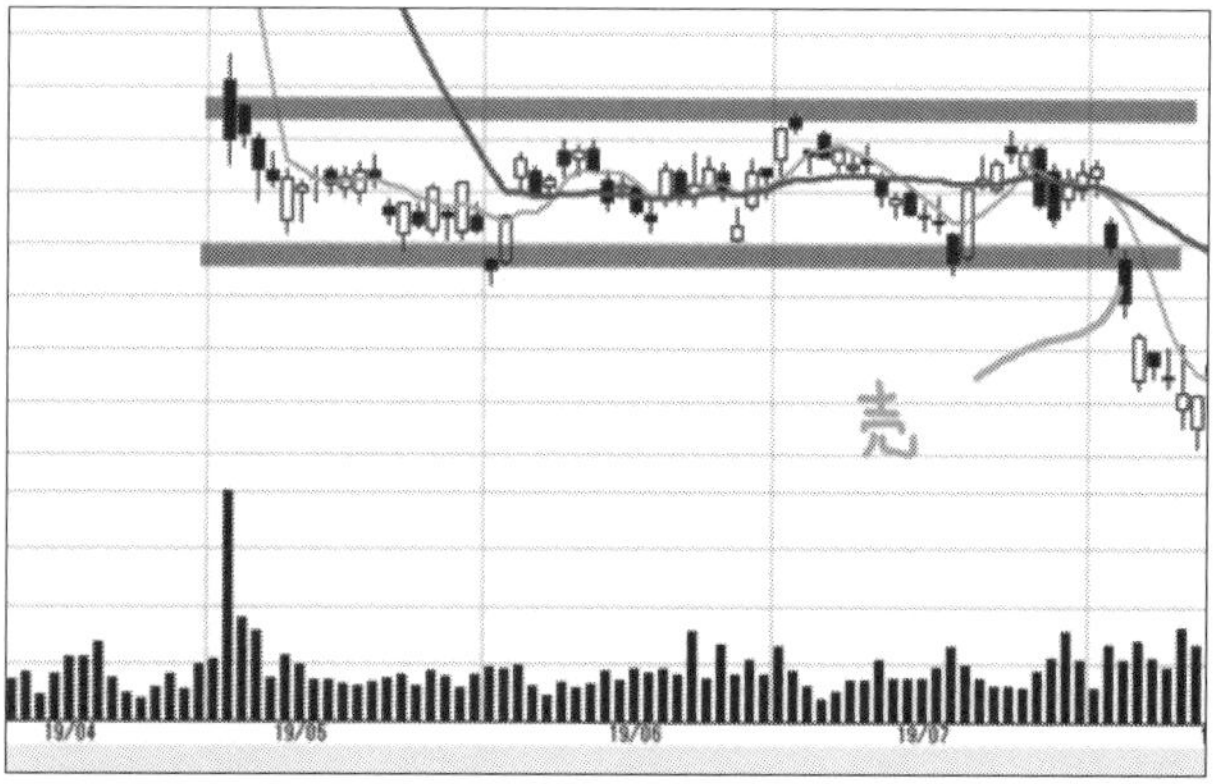

例題 ④

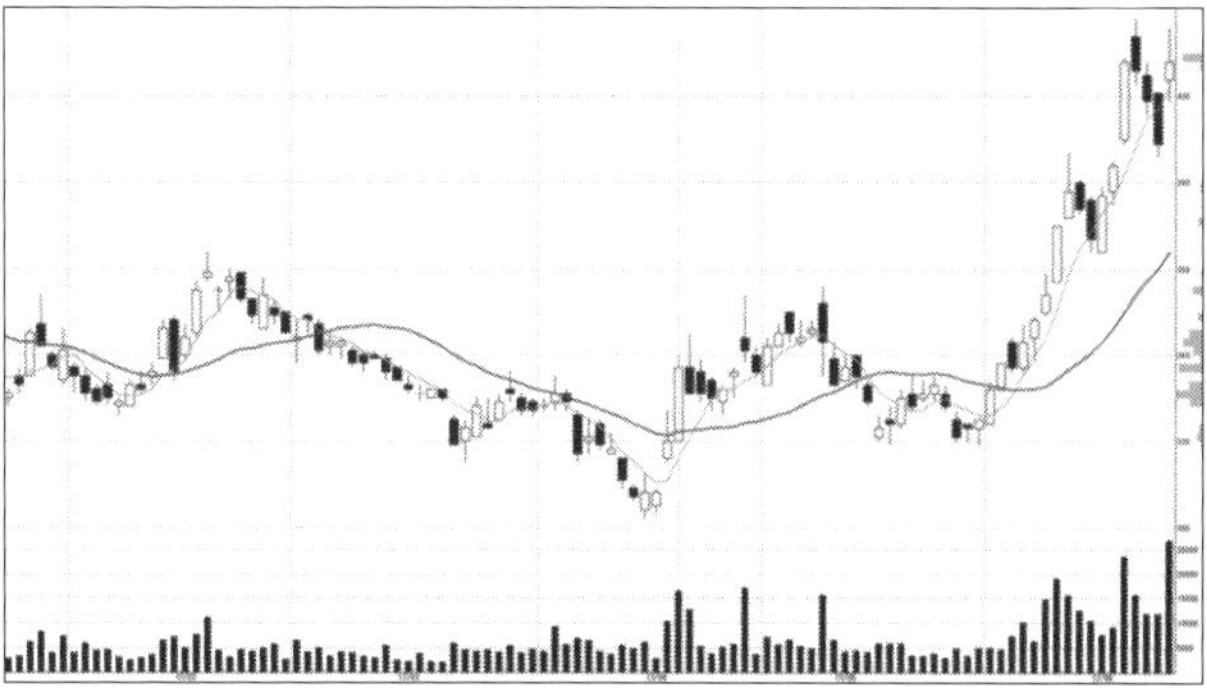

例題④・解答

買いのポイントは水平線をベースにしていますが、その直前に注目すると、５日移動平均線を陽線で上抜けたことで上昇トレンドの下地が整っていますし、広い視野で見れば逆三尊+Nパターンの完成と水平線の上抜けが重なっていることが買いエントリーの根拠となっています。

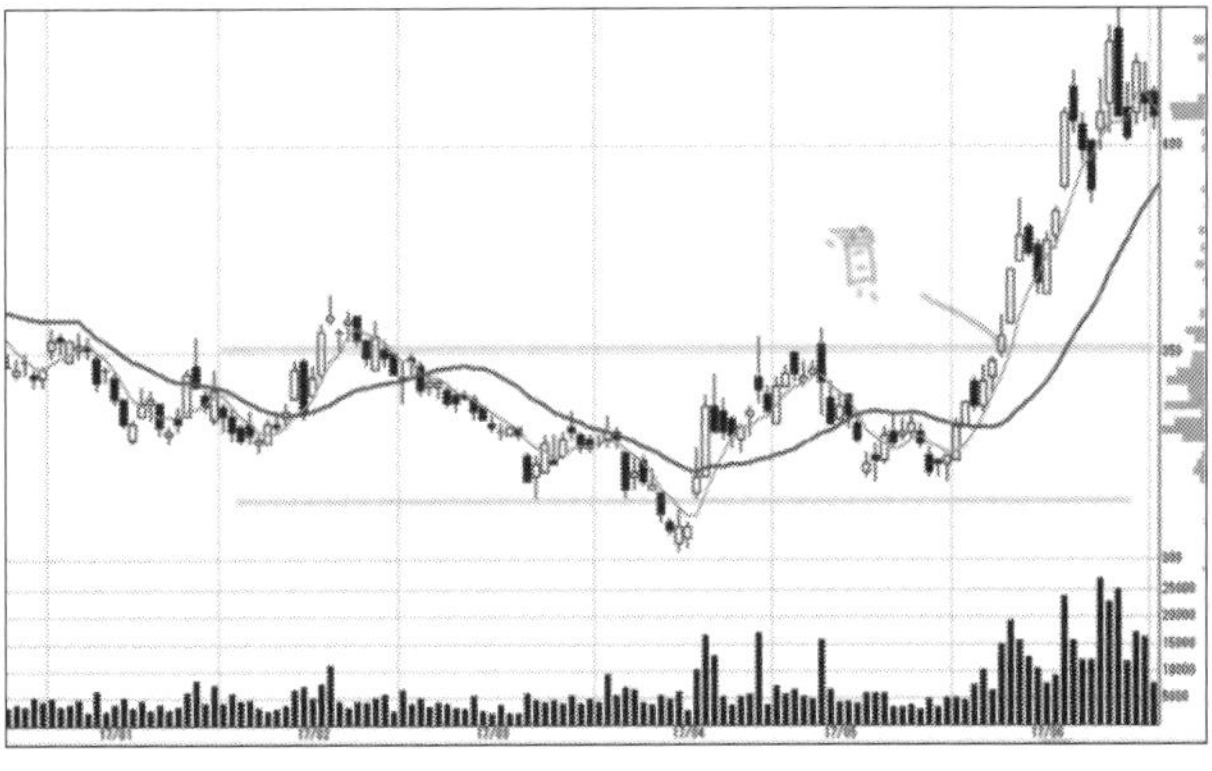

例題⑤

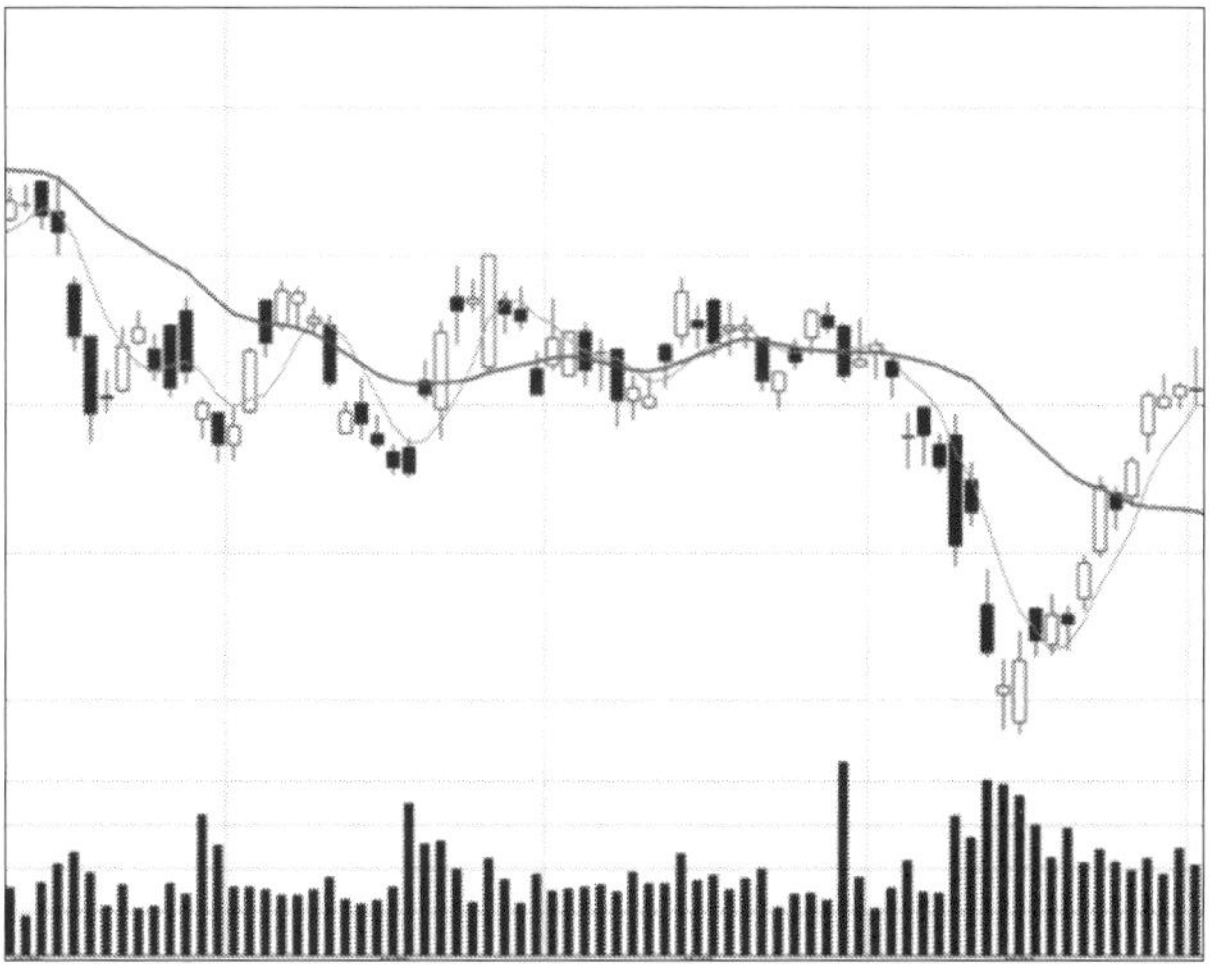

例題⑤・解答

売りエントリーの例です。このチャートは前述した例題③と似たような状況で、チャート前半の直前から続いてきた下落トレンドが一度レンジになり（安値と高値に引いた水平線）、そこから再度下落トレンドに戻ったタイミングで売りエントリーを行っています。

ポイントは、レンジ内でチャート終盤に向けて徐々に安値が切り上がってきましたが、5日移動平均線と20日移動平均線を同時に下抜けたことで下降トレンドの下地が整ったことです。

結局次のローソク足でレンジの下限に達し、続くローソク足で水平線を下抜けたということで下降トレンドが確定しました。

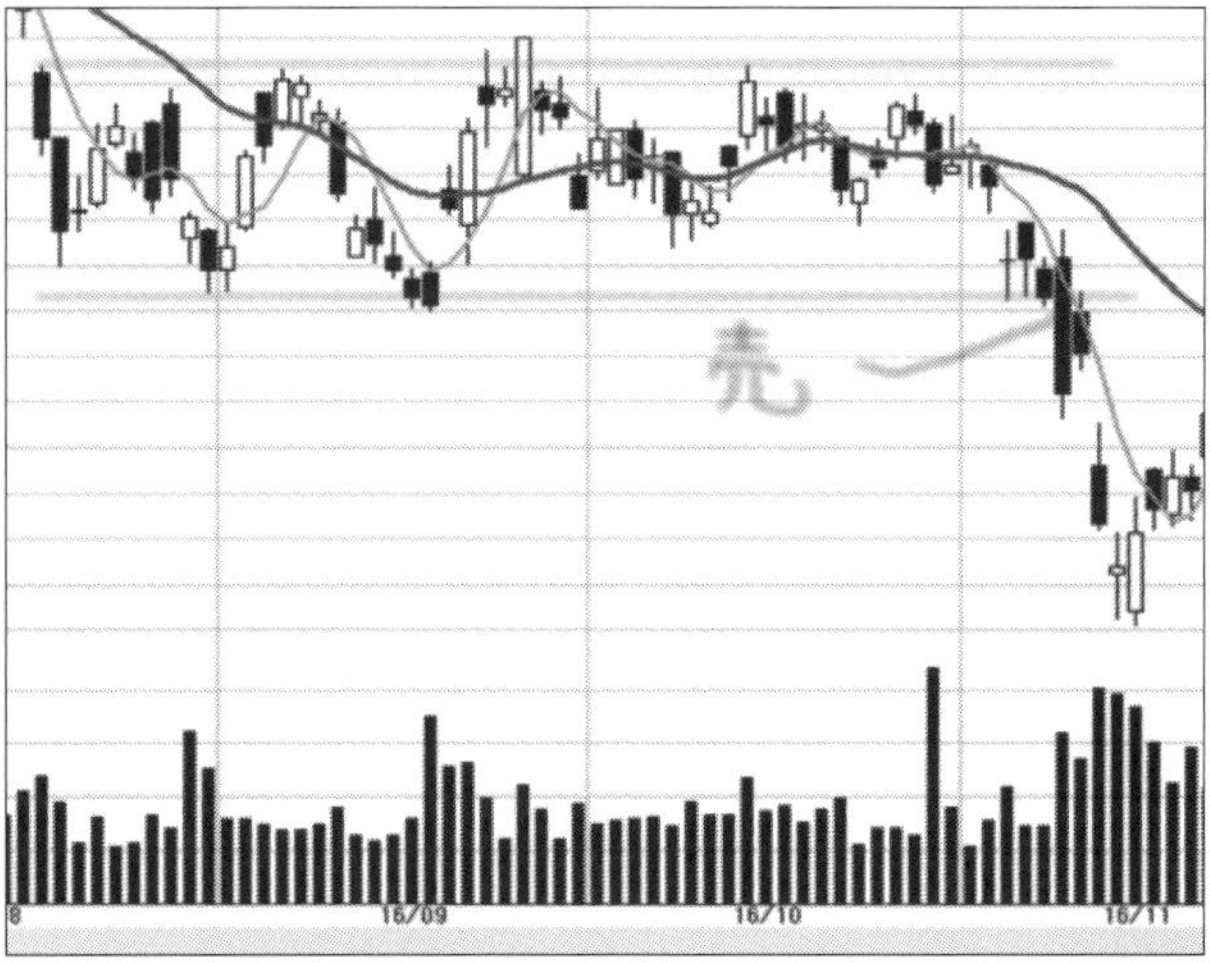

例題⑥

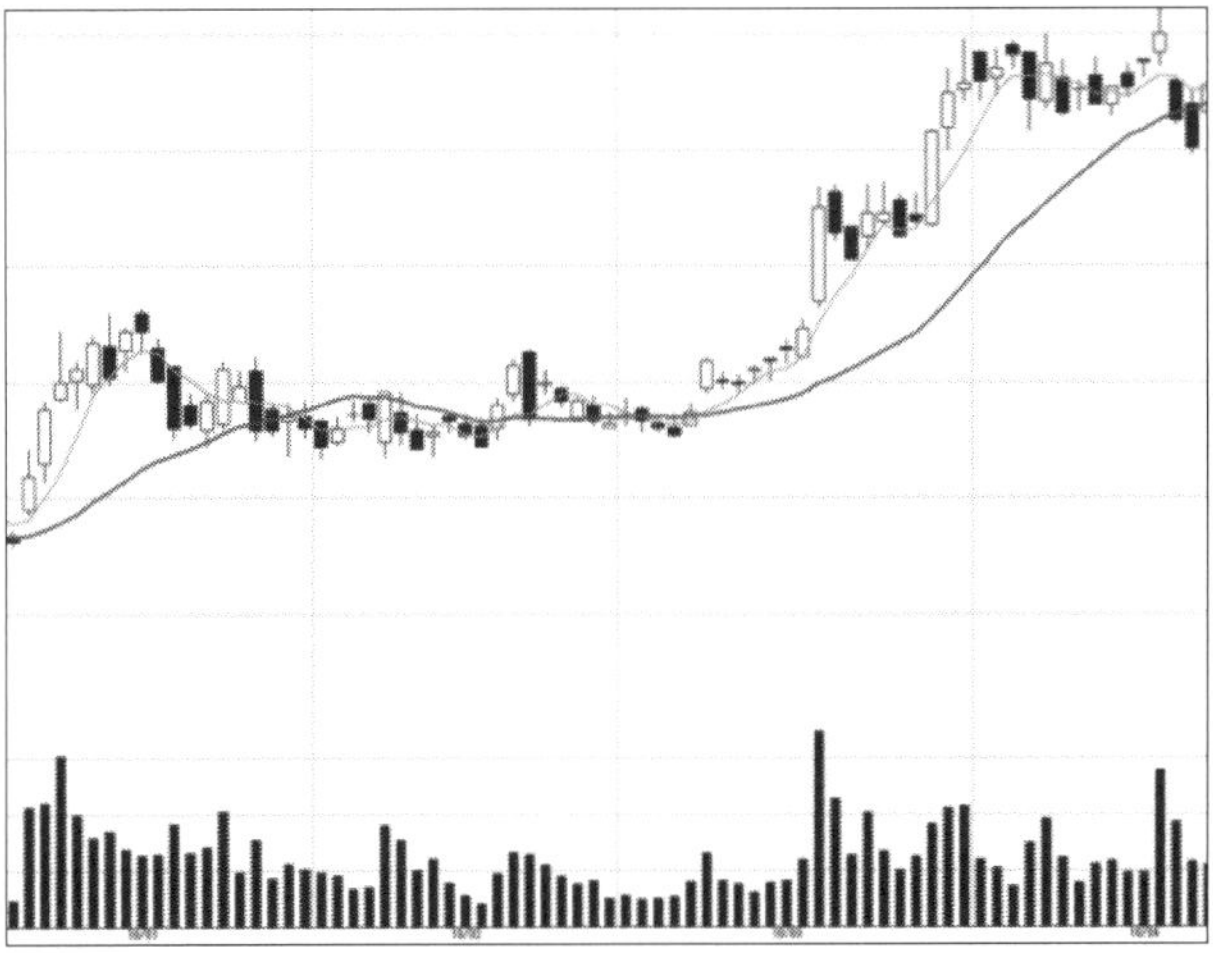

例題⑥・解答

　買いエントリーの例です。上向き、下向きという違いはありますが、こちらのエントリーも例題⑤のチャートと基本的な考え方は同じで、チャートの前半が上昇トレンドで、前半から水平線を上抜けるまでがレンジになっています。

　そのため、買いのポイントよりも前に5日移動平均線を陽線で上抜けていますが、レンジの中でトレードを行うよりも、レンジをブレイクして改めて発生する可能性のある上昇トレンドに乗る方が利益を伸ばせると判断して、こうした買いのポイントとなっています。

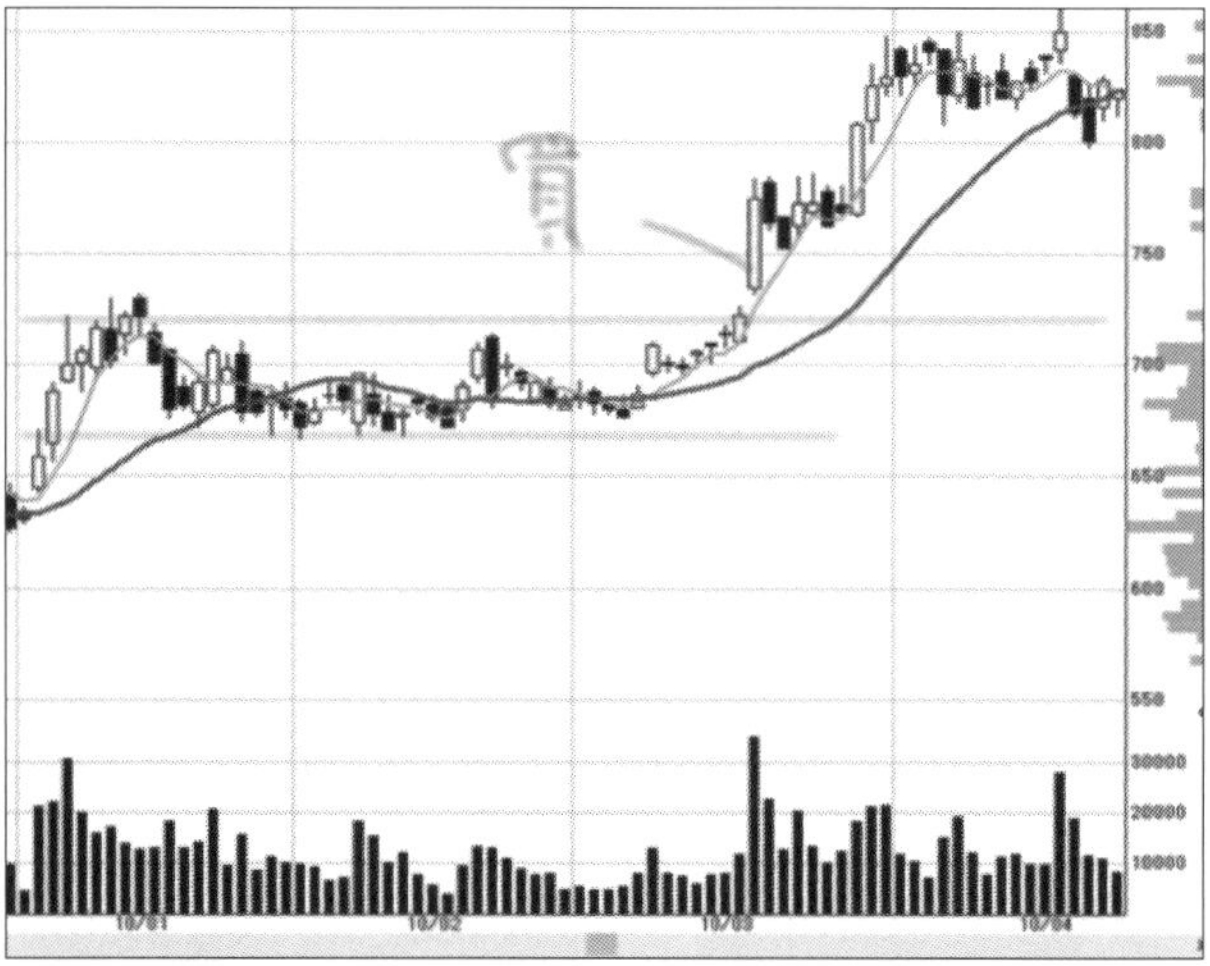

例題 ⑦

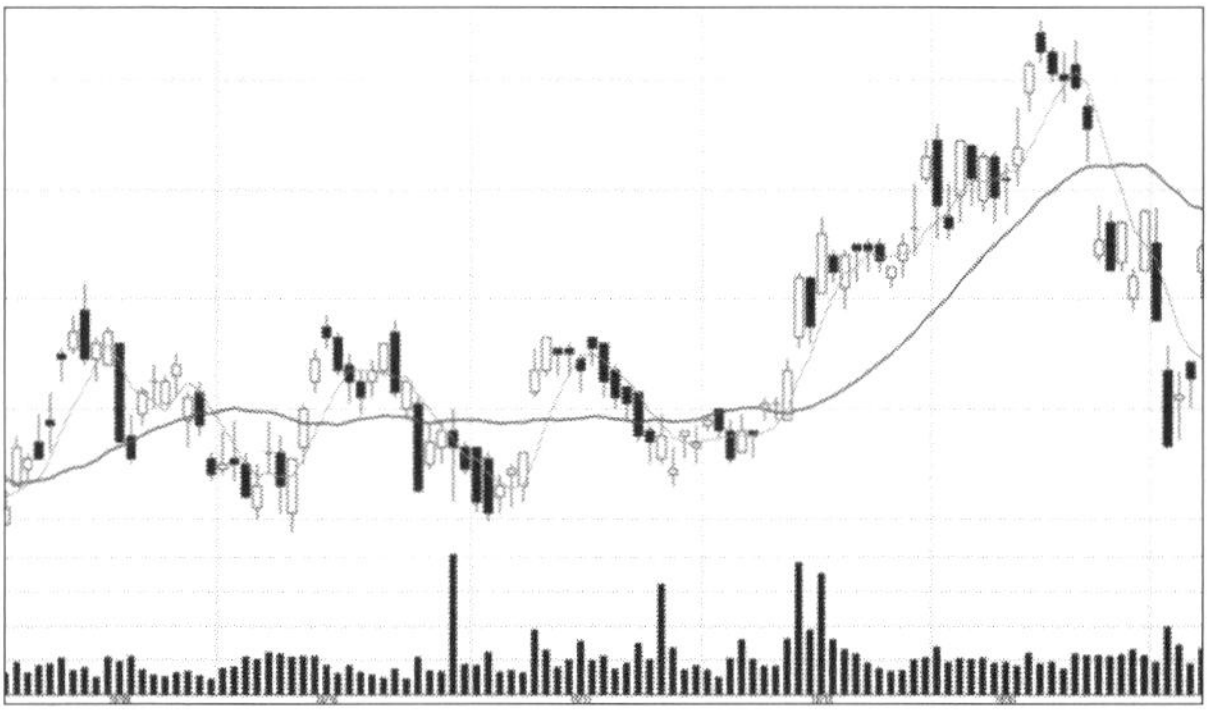

例題⑦・解答

こちらも例題⑥と同じで、レンジの上抜けを確認してから買いのエントリーをしています。

基本的な考え方は他の例と変わりませんが、ここで注目すべきは、買いポイントの3本前のローソク足が5日移動平均線と20日移動平均線を同時に陽線で上抜け、なおかつそこがW（もしくはV）パターンの完成に向けたパーツになっているという点です。こうした上昇に向けた下地が整ったうえで水平線を上抜けているため、買いのエントリーポイントとして判断したのです。

7つのルールにおけるエントリーポイントは単体でももちろん機能しますが、それが重なることでより強い根拠になります。

例題 ⑧

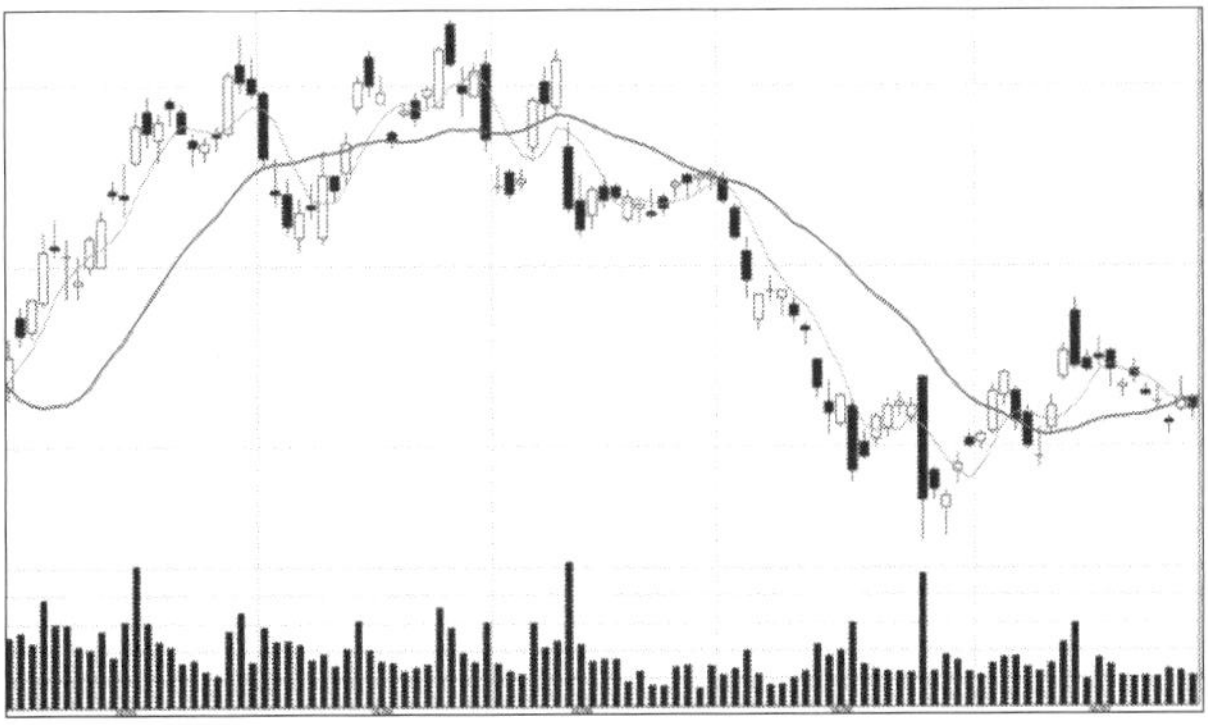

例題⑧・解答

安値に引いた水平線でのエントリーという点は共通ですが、そこに至るまでにこのチャートで注目すべきポイントは2つあり、一つは前半から中盤にかけて典型的な三尊のパターンが完成しようとしている点です。これはそれまでの上昇トレンドの転換のサインとなるため、しっかりと最後の山が完成した後に水平線を下抜けるかに注目します。

2つ目は移動平均線で、ちょうど三尊の最後の山が20日移動平均線にぶつかった後に反転しており、売りエントリーの条件が追加されました。最終的に三尊の完成＋移動平均線のエントリーポイント＋水平線の下抜けが重なったことで強い空売りの根拠となっています。

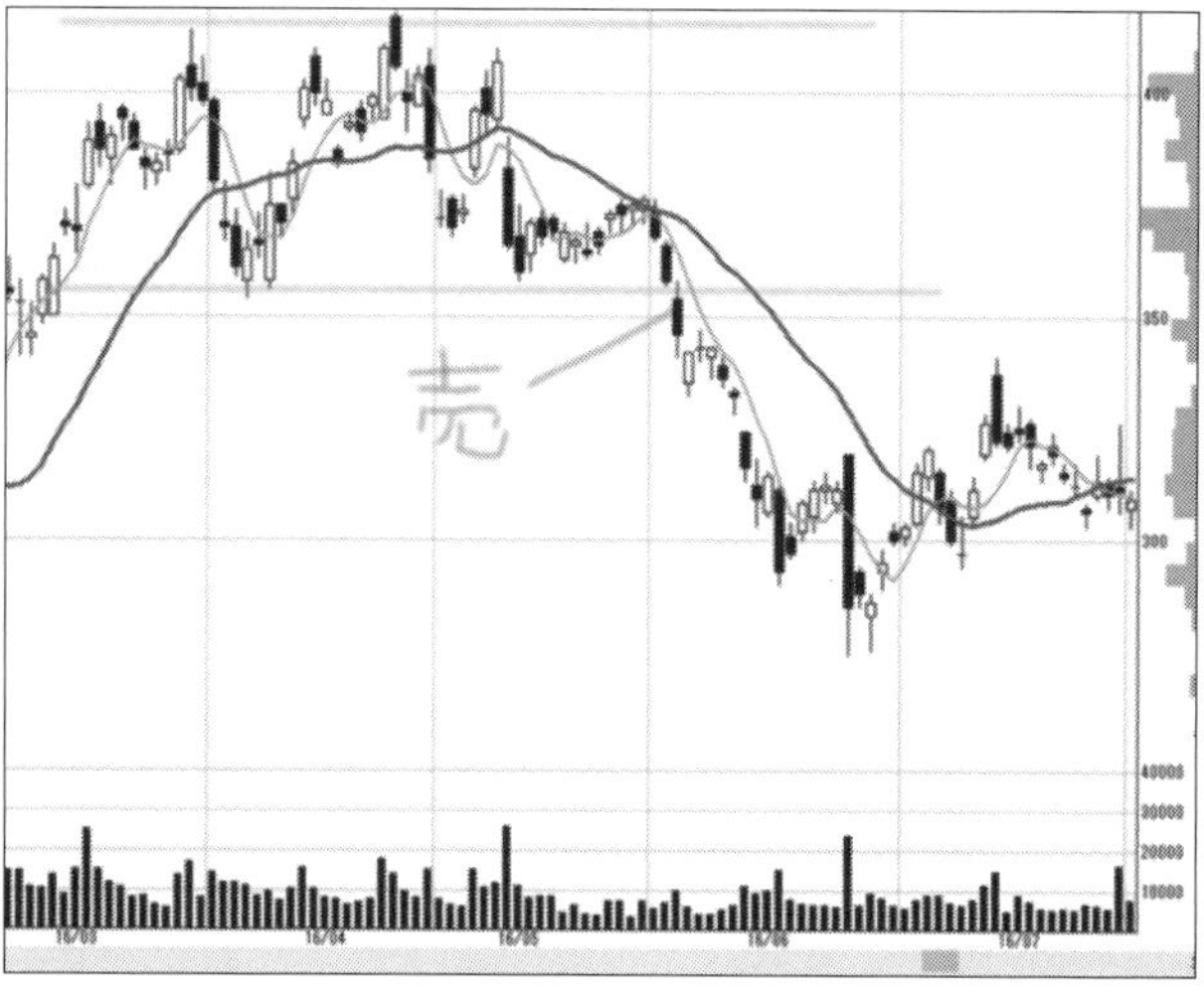

例題⑨

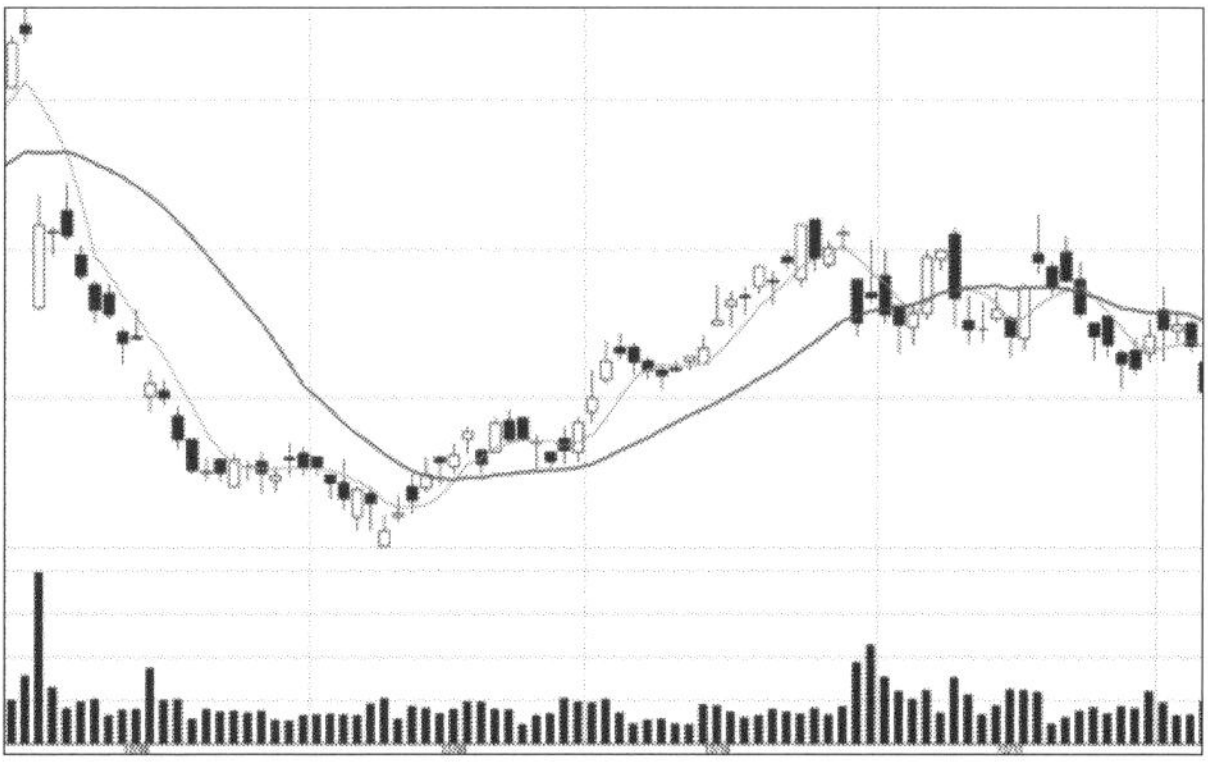

例題⑨・解答

買いエントリーの例です。こちらは移動平均線を使って入れば明確にトレンドの転換がわかるチャートと言えます。

前半部分で強い下向きのトレンドが1500円付近の安値を付けた直後に、5日移動平均線を上抜けています。続くローソク足で20日移動平均線も上抜けており、その後一度戻してから反転したことで20日移動平均線で押し目を付けることになり、反転の下地が整いました。

最終的にエントリーは直近の高値を上抜けたポイントですが、さらに言えば逆三尊やNのパターンも見つけることができ、買いのポイントとして根拠が重なっています。

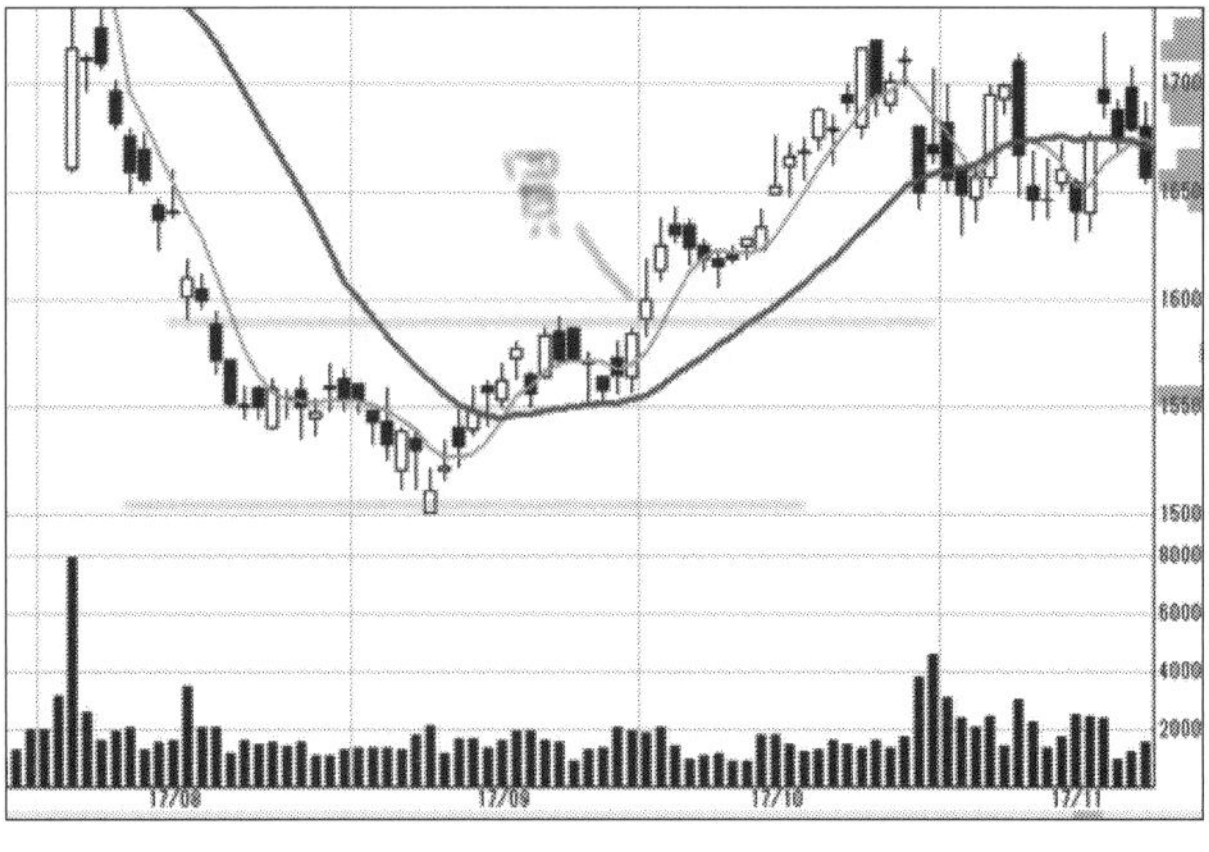

例題⑩

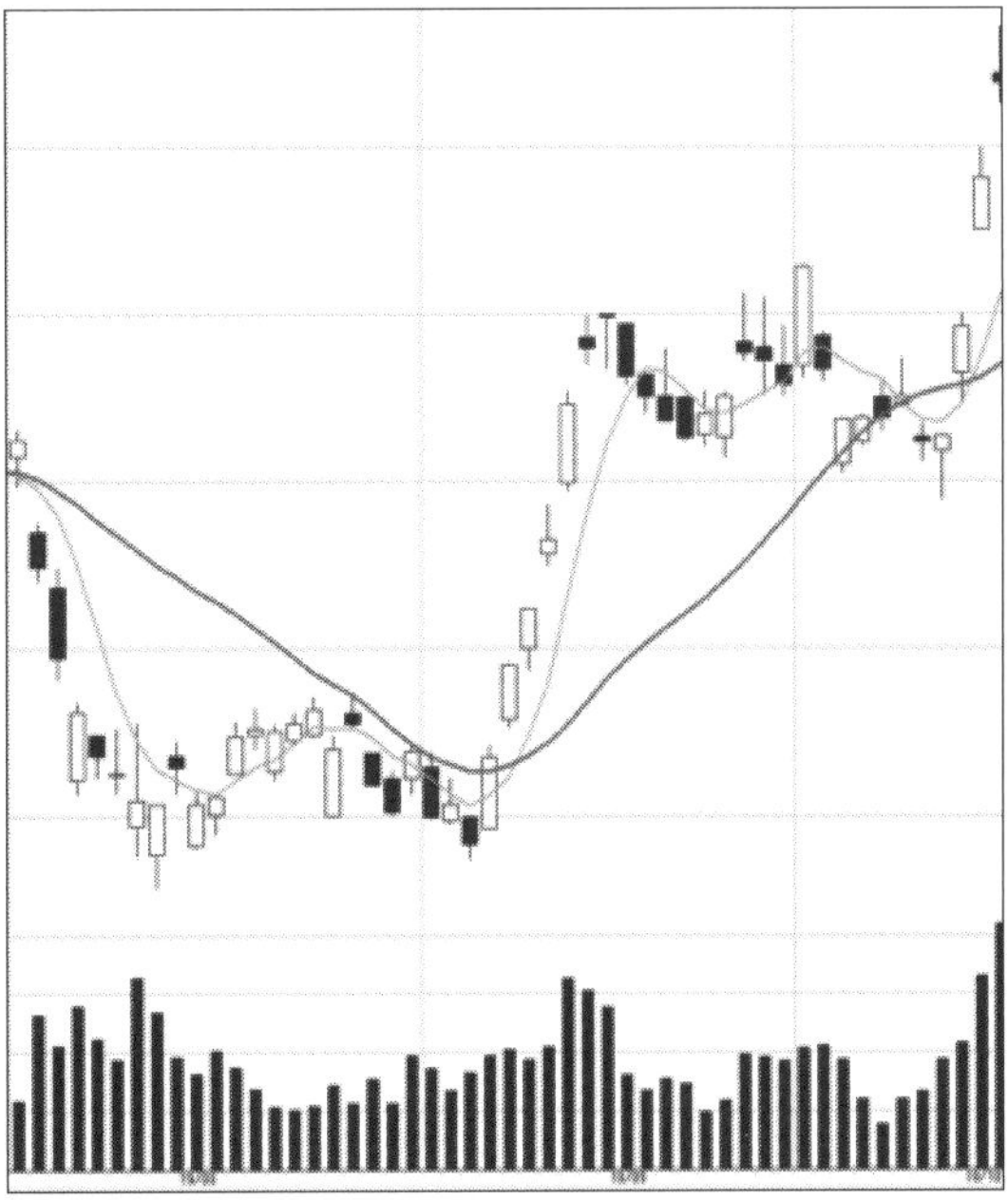

例題⑩・解答

こちらも買いエントリーの例です。このチャートで注目すべきは、前半部分の下落からレンジに移行した後に反転したことで、はっきりとしたWのパターンができていることです。

加えて、価格が5日移動平均線、20日移動平均線を陽線で同時に上抜いており、高値に引いた水平線を上抜いたことで上昇トレンドの確定+Wパターンの完成に向けた動きが強くなっていることがわかります。

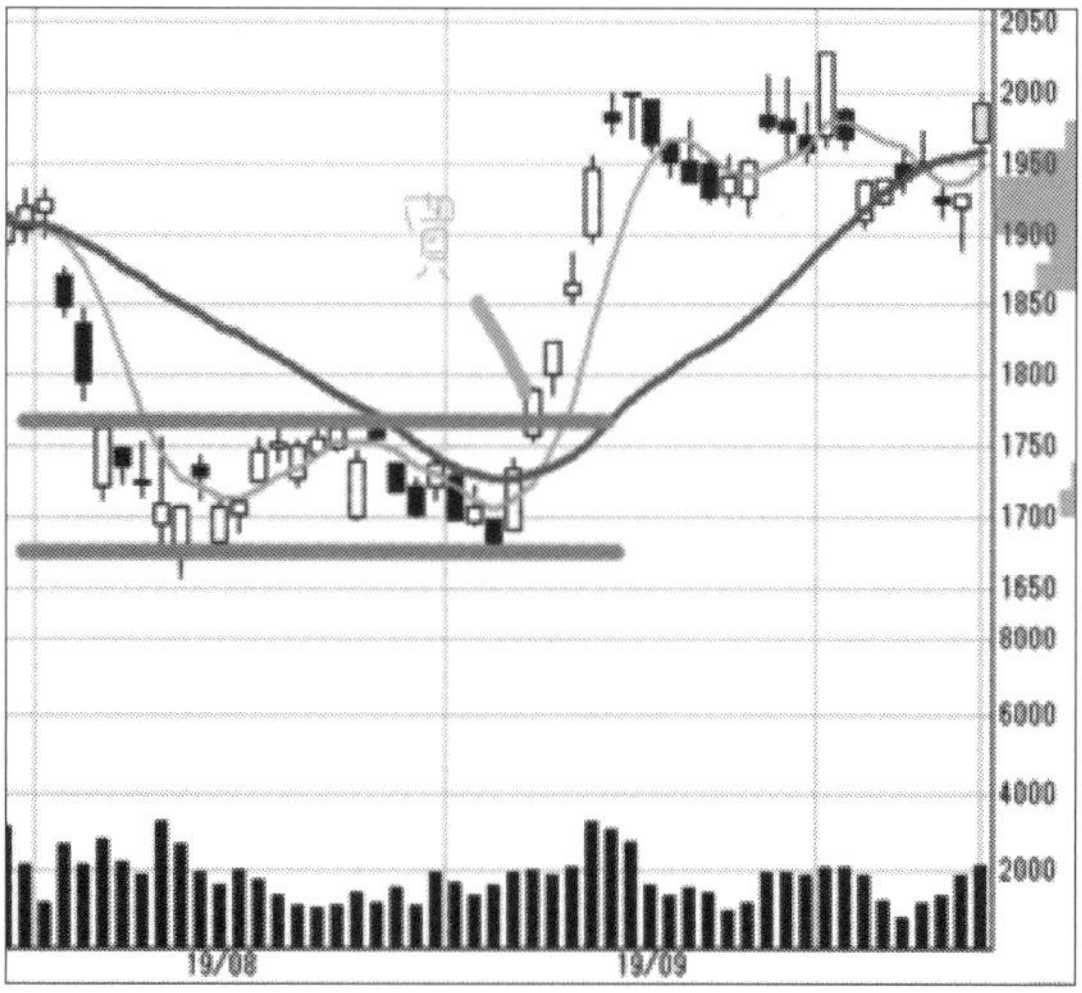

いかがでしたでしょうか。

私のエントリーポイントと比較して、どのような違いがあったでしょうか。もちろん、エントリーポイントは、私が記した箇所のみが正しいわけではありません。それでも、私がまとめたルールをあらためて把握し、体得するためにも、ひととおり解いてみた後、なぜこうなったのかをじっくり考察してみてください。

それが株式投資で結果を出す近道となります。

勝ちパターンを見抜く！

鉄板チャート早見表7選

ここでは、実際にスクールで解説しているチャートとほぼ同じ形式で、エントリー例をいくつか紹介しています。以下の7つのチャートは、私が実際にトレードするなかで、よく使うパターンです。この形を覚えておくだけで銘柄選定が2秒で終わりますし、近い形になった際にエントリーすれば、勝率は各段にアップします。

また、鉄板7選のルールを守っていけば、大きく損をすることなくトレードができるので、是非活用してください。

高値切り上げ型

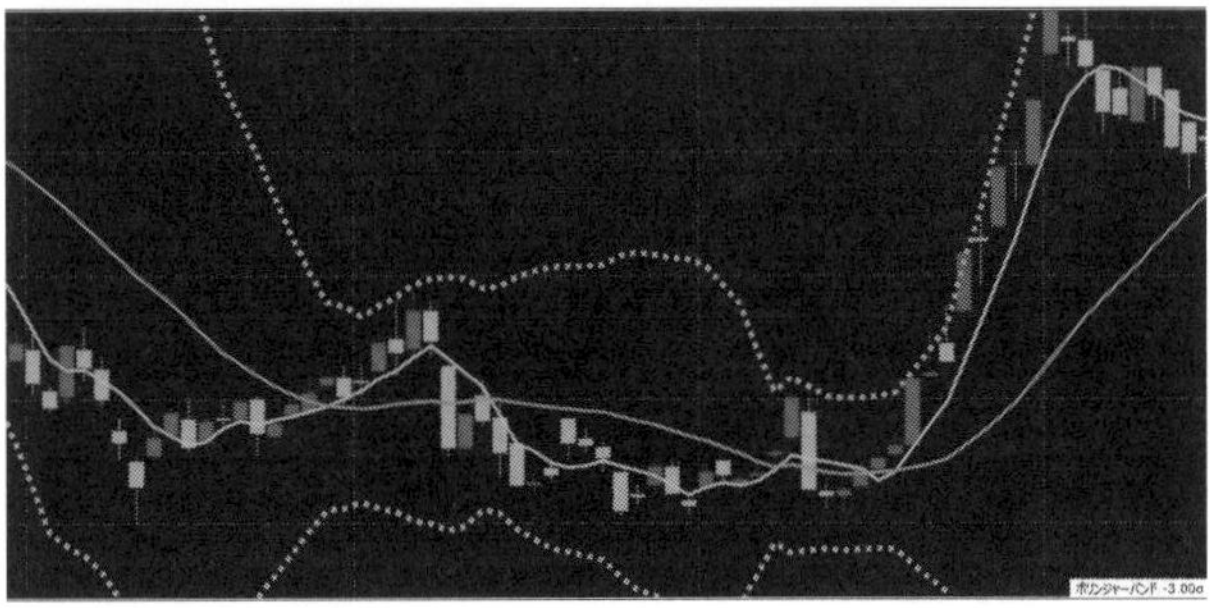

▲直近の高値を更新した買いエントリーの鉄板チャート。陽線が出続ける段階では持ち越して、移動平均線に陰線が被るか、十字線が出たところで手仕舞いを推奨。

逆押し目横移動型

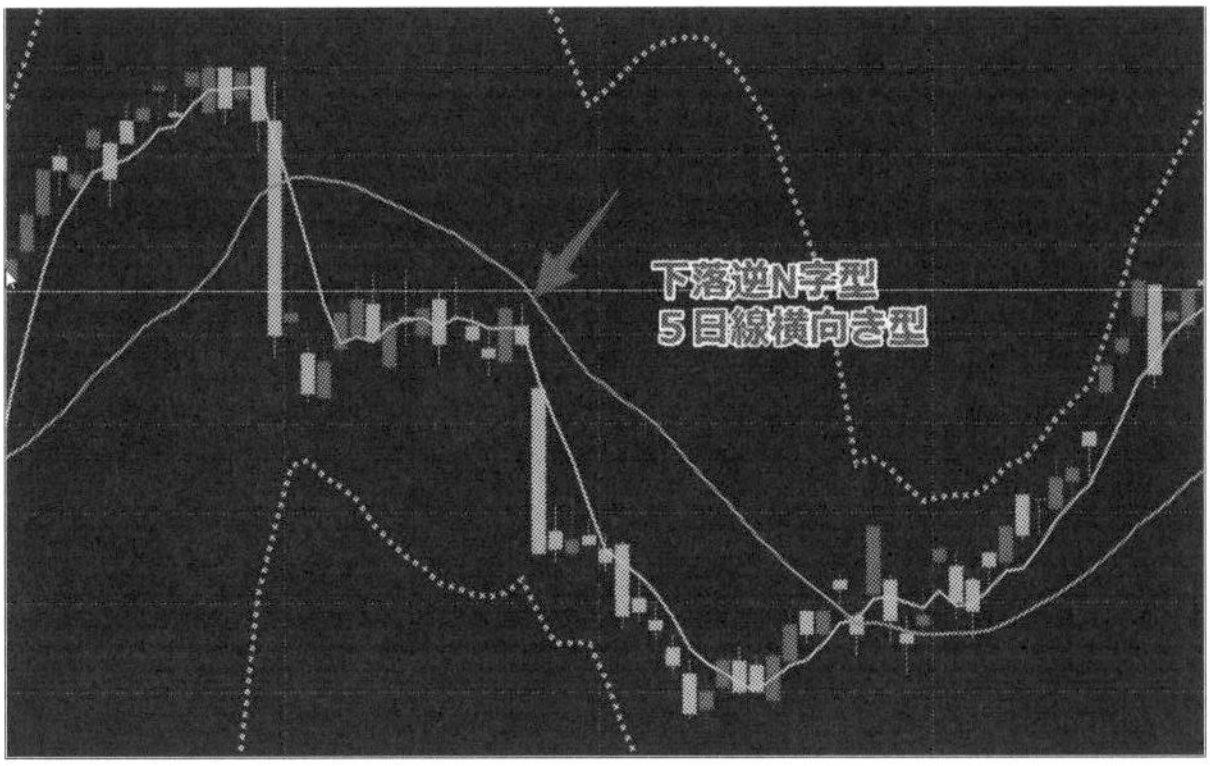

▲トレンド反転からの戻りを狙うパターン。 横向きの5日線からローソク足が離れたタイミングと、逆N字の完成が重なるので形がわかりやすいのがポイント。

押し目逆N字型

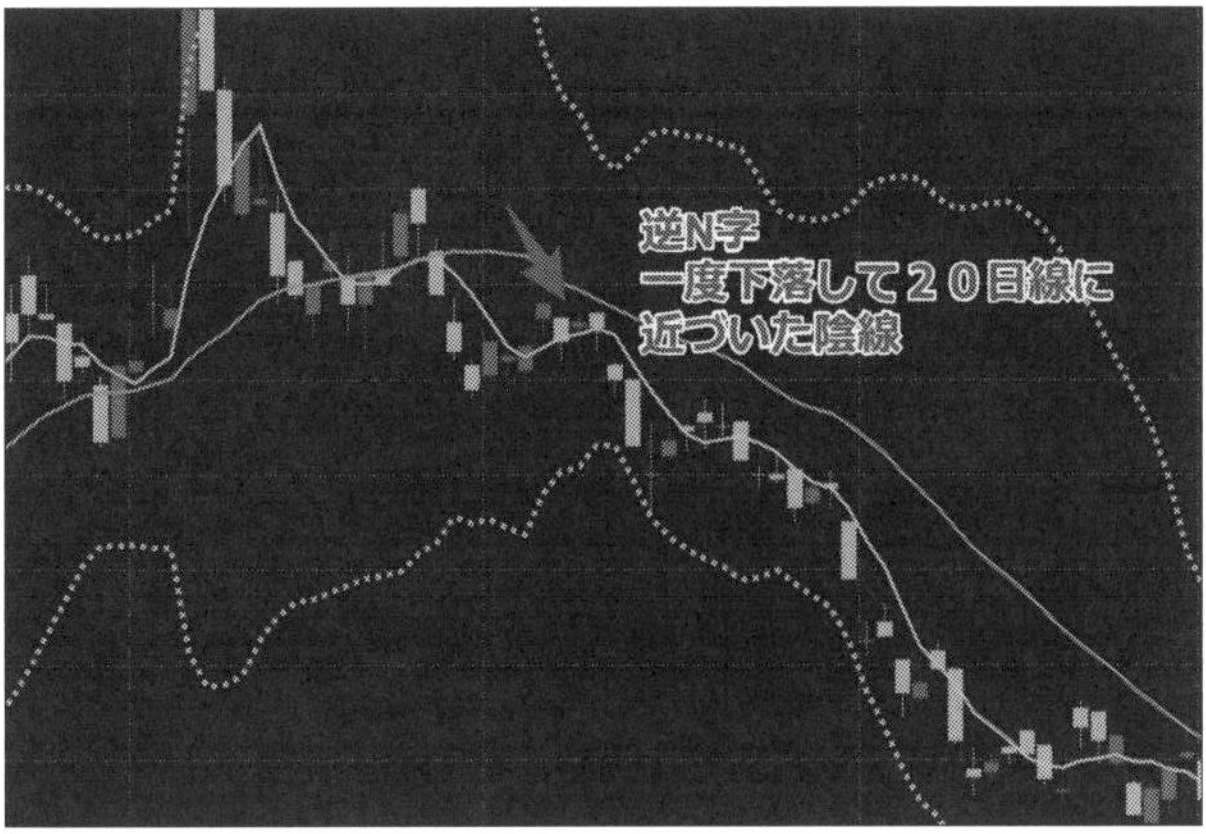

▲こちらもトレンド反転の戻りを狙うパターン。 下落してから20日線に近づいたタイミングで、陰線が出たらエントリー。

20日線逆反発型

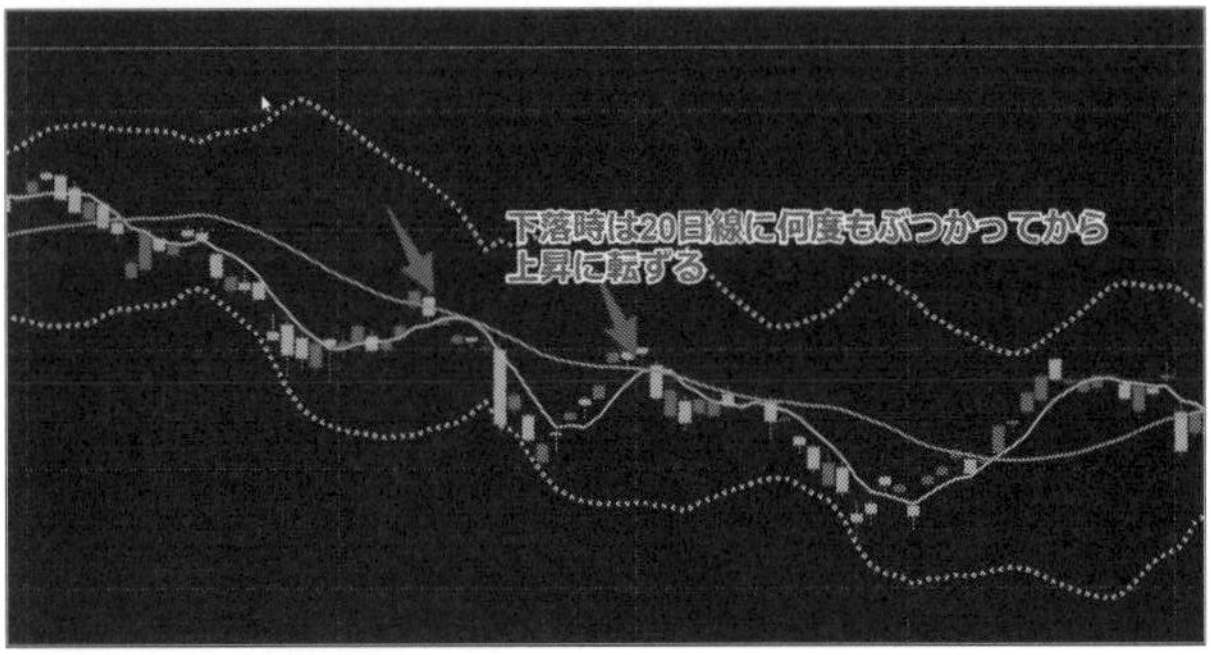
下落時は20日線に何度もぶつかってから
上昇に転ずる

▲下落トレンド途中の戻しを狙うパターン。20日線は調整の目安になりやすいので、20日線にタッチして、5日線を陰線で下抜けたらエントリー。

押し目横移動型

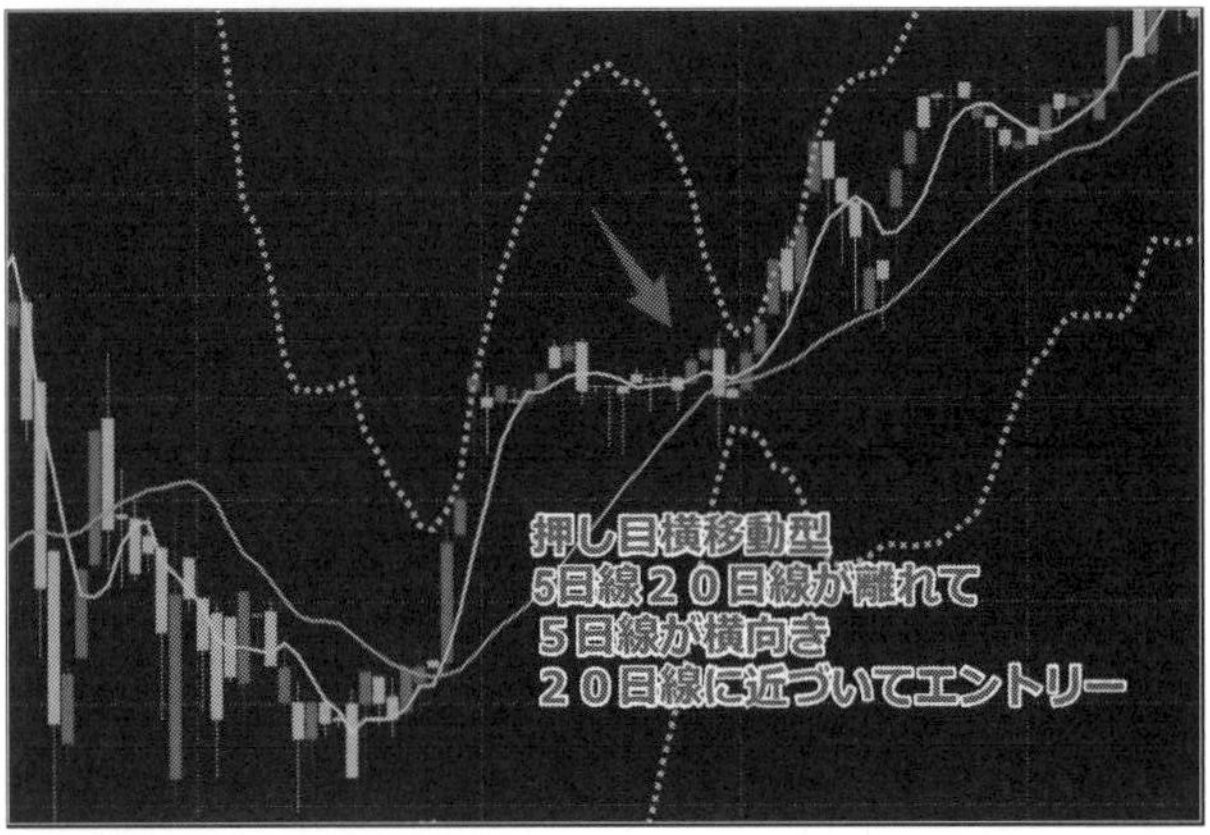
押し目横移動型
5日線２０日線が離れて
５日線が横向き
２０日線に近づいてエントリー

▲買いエントリーのバリエーション。横向きの5日線と価格が20日線で同時に反発するのを確認してエントリー。

押し目N字型

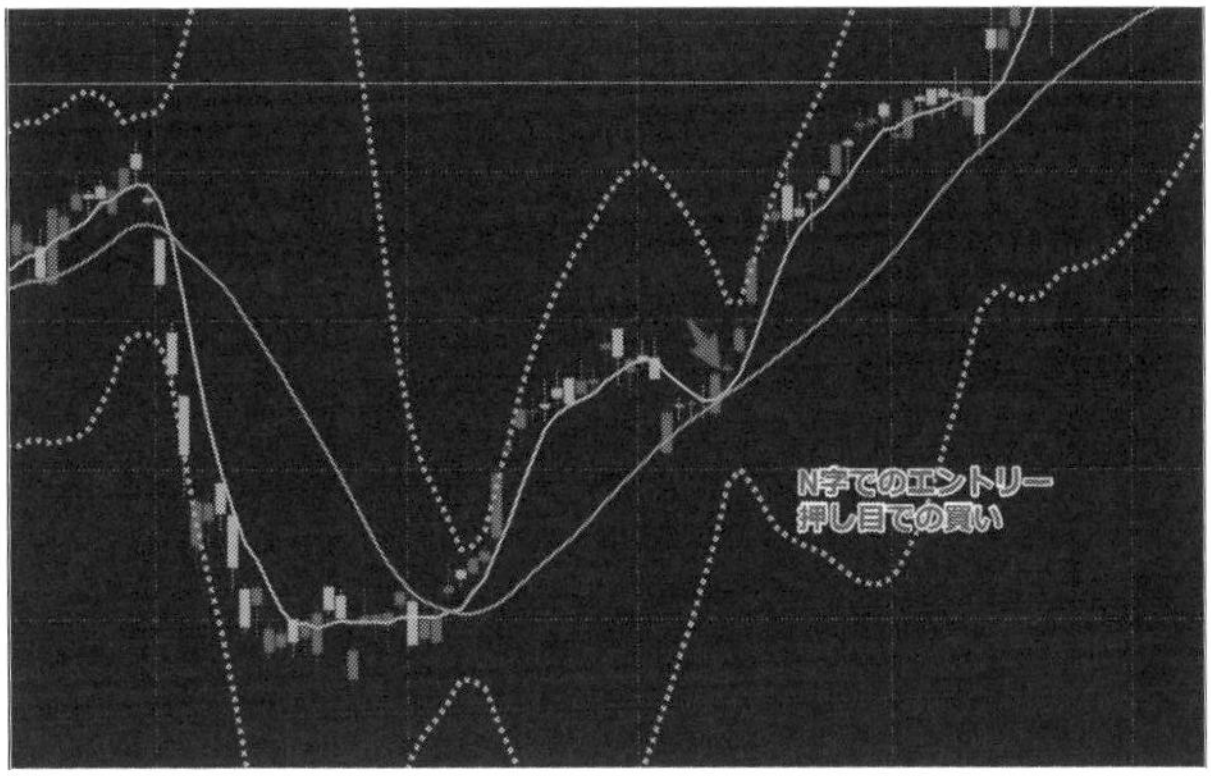

▲押し目を狙っていく場合、直前でN字か横向きの動きに絞ると反発をとらえやすい。こちらはN字のパターン。エントリーはN字完成前に5日線を陽線で越えたローソク足。

W底切り上げ型

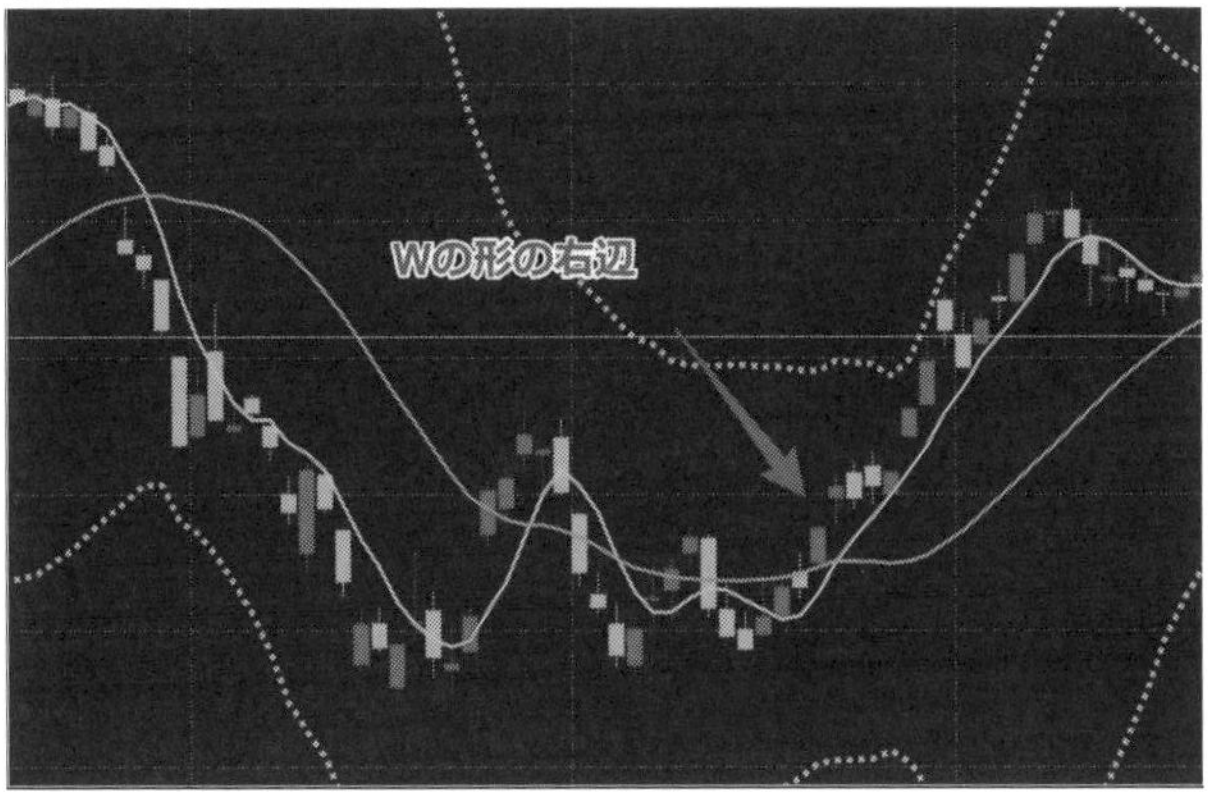

▲下落からの反転を狙うパターン。Wが完成しそうな場合は、反転を想定してエントリーできるところまで待つ。具体的には20日線を上抜けて、安値が切り上げてきたタイミングで。

〝300年分のチャート〟を
読み解いた頃に、「勝てるパターン」が
自然と浮かびます。
そうなれば、もうあなたは
株で負けることがなくなるでしょう。

第6章

Q&A・みんなの疑問に答えます

Q　これから株式投資を始めようと思っています。初心者でも、株式投資で結果を出すことはできますか？

A　可能です。

株式投資は、実は技術という面が強いと私は思っています。ですから、しっかり学ぶことができれば株式投資で利益を出すことが可能です。

私自身も、初めから株式投資のプロフェッショナルだったわけではありません。学び、分析し、研究し、技術を身につけたことで結果を出すことができました。そのノウハウを明かしたのがこの本です。

きちんと努力すれば、稼ぐことができるのが株式投資なのです。

Q　株式投資を始めたいと思っています。最初に用意する資金は、いくらくらい必要ですか？

A 10万円あれば、大丈夫です。

株式投資は、不動産投資などと違い、決して多額の資金を用意する必要はありません。10万円もあればよいのではないでしょうか。

10万円が最初の資金とすると、例えば1株100円の銘柄の場合、1000株買うことができます。10万円でスタートし、徐々に利益を増やしていくことができれば、投資できる額も増えることになります。すると、得られる利益が大きくなる可能性がさらに広がっていくでしょう。

株式投資の魅力の一つは、「お金でお金を増やせる」というところにあります。10万円が元手であっても、発展的に利益を出すことで自己資金を増やしていくことができます。

Q どの銘柄を買えばよいでしょうか?

A JPX400であれば、どの銘柄であっても大丈夫です。

よく、株式投資関連のサイトやメディアなどでは「今、お勧めの銘柄！」「この銘柄が来る！」といったニュアンスで、株価が高くなっていくと予測される銘柄をアナリストなどが推薦していたりします。こうした情報を参考にエントリーする方も少なくありません。そのため、どの銘柄を買えばいいのか教えてくれたり、情報が当たるサイトや一部のトレーダーが人気を集めたりしています。

でも、本当はどの銘柄であってもよいのです。

株価はどの銘柄であっても、上がったり、下がったりを繰り返します。そして私の手法では、上がるときも下がるときも、利益を出すことができます。だから、どの銘柄でも問題はなく、「推奨銘柄」など気にしなくてもかまわないのです。とはいえ、たくさんある銘柄からどのように選べばよいか、どれでもいいとなると、迷ってしまうかもしれません。

そのために、第1章でＪＰＸ４００という選択肢を紹介しましたし、この中でパターンに当てはまる銘柄だけをトレードするというのが、三澤流の考え方です。

Q 「株の取引をするなら経済新聞やニュースにしっかり目を通せ」と言われました。たくさん情報があって大変ですが、どのように取捨選択し、何を参考にすればよいでしょうか？

A 経済新聞やニュースを気にする必要はありません。

昔から、そして現在もそうですが、『会社四季報』あるいは経済新聞やニュースなどをもとに分析して株の取引をされている方はいます。会社の業績をしっかり読み込み、それを材料とされている方ももちろんいます。会社の将来を占い、それこそ新製品の開発に関すること、さらには業界動向などの情報を一生懸命集め、株価が上がるのか下がるのかを予想して投資の材料としているのです。

しかし、私の見つけだした株式投資の法則では、そうした情報を収集したり分析したりする必要はありません。あくまでも、チャート画面の分析から、売買のポイントを見出します。

繰り返しになりますが、そうした多岐にわたる情報を集めたり、目を通す作業は不要です。むしろ、そうした情報はかえって有害になるかもしれません。せっかくチャート画面をもとに分析する方法を知ったのに、それがぶれることになりかねないからです。

Q どれくらい練習すればよいのでしょうか?

A ノウハウを勉強しながら、のべ100年分頑張りましょう。

ノウハウを身につけ、方程式を知って、それにのっとり売買をすれば、株式投資で結果を出すことは可能です。ただし、しっかりノウハウを身につける、というのが肝要です。

努力することなく儲けられる、そんな方法はありません。あくまでも、しっかり努力することによって、結果を出すことができるのです。努力、練習という言葉に、「面倒くさい」と思われる方がいるかもしれません。でも、きちんとやることをやれば、成功への道は開けていくのです。そう考えれば、努力のしがいがあるというものではないでしょうか。株式投資で結果が出せない人とそうでない人の違いは、まさに努力の有無にあるのだと思います。

私自身は、200銘柄×30年=6000年分を分析、研究しました。そこから得たノウハウをこの本でできるだけわかりやすい形でお伝えしてきましたが、それを身につけるためには、できれば100年分は、勉強して欲しいというのが正直な思いです。そして100年分を勉強したら、できたら300年分を頑張ってみてください。そこまで努力していけば、もう負けることはなくなるはずです。

ぜひ、努力を重ねてみてください。あなたが株式投資で結果を出すことを心から願っています。

Q どうやって練習すればいいのでしょうか?

A 「チャートギャラリー」や「デモトレツール」がおすすめです。

普段使っているチャートツールを見ながら、リアルタイムで練習する方法もあります。ただ、三澤流は日足を見るので、自分の考えたエントリーポイントが正しいのかどうか、結果がわかるまでに数日かかってしまいます。

そのようにやっていると、先ほどお伝えした「100年分」「300年分」の練習は文字通りの時間がかかり、現実的に考えて不可能です。

そうした時間を短縮するのが「チャートギャラリー」や「デモトレッツール」なのです。チャートギャラリーはパンローリング社が提供している検証ツールです。過去のチャートの早送りや巻き戻しなどが自由にできるので、エントリーから利確（もしくは損切り）の結果をすぐに確認することができます。

三澤流で使うテクニカル指標も対応していますし、それぞれのパラメーターも自由に設定することができます。チャートギャラリーはまさに、１００年分の練習に適したツールなのです。

チャートギャラリーには有料版（プロ、エキスパート、スタンダード）と無料版があります。無料版では直近10年分のデータしか検証できませんが、検証したい銘柄とテクニカル指標を選択するという、本書の使い方であれば、こちらで全く問題ありません。

ダウンロードはこちらのＵＲＬ（https://www.panrolling.com/pansoft/chtgal/）に飛んで、「試用版無料ダウンロード」からインストールしてください。

チャートギャラリーは、特に「これから株を始める方」や「初めてチャートを見る方」には特におすすめです。初めてチャートを見る方は、いきなりこのチャートがどのような展開になるかを予測するのは少し難しいと思います。なので最初は、半年分のチャートの中で、「本書で伝えたノウハウと当てはまっている部分があるか？」「そのポイントのあと、チャートは実際どのような形になっているのか？」というのを見ていき、まずはチャートに慣れていくことをおすすめしています。

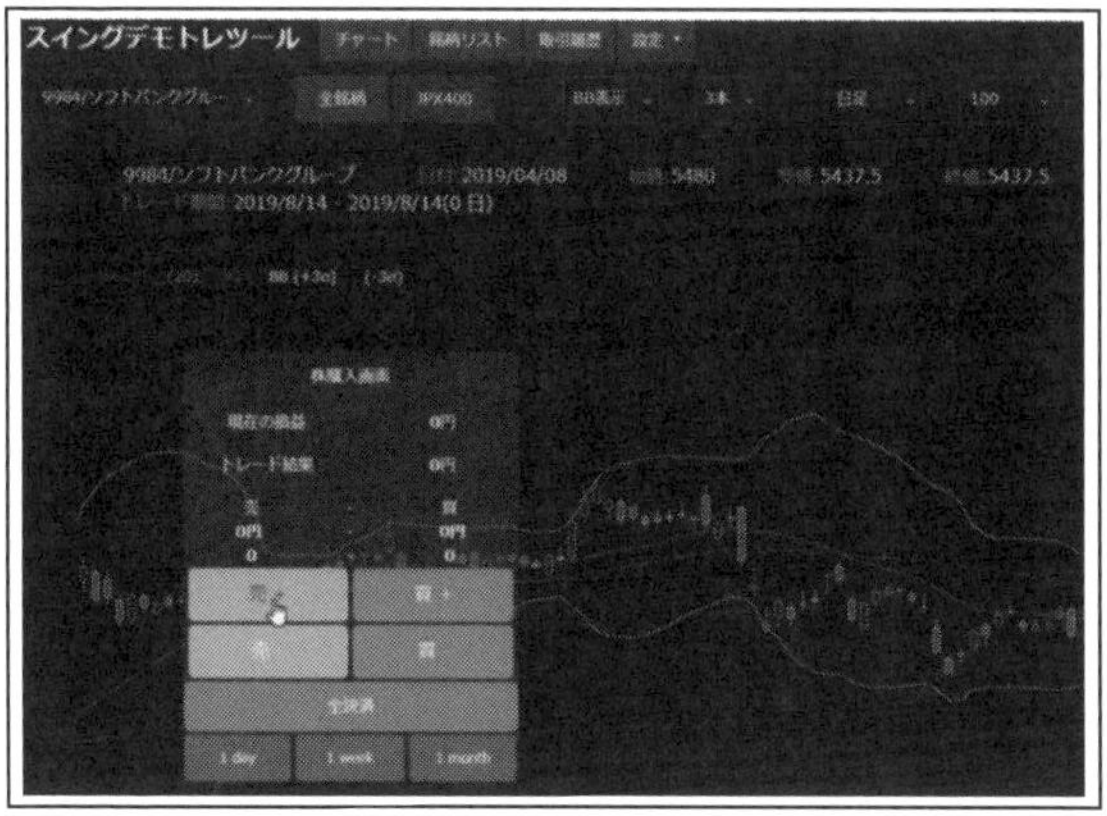

そして、チャートに慣れて、どのあたりがエントリーポイントや利確ポイントになり得るかがわかってきたら、今後の展開を予測しながら、実践に近い形で、一日ずつずらして練習をしていくことをおすすめしています。そして、そのより実践に近い形で練習をする際に役立つのが、僕が自作した「デモトレツール」になります。

もちろん、この練習はチャートギャラリーでもできるのですが、一枚ずつ印刷したり、隠したりしながらなので、練習するまでの一歩が必要になってしまいます。そこで、実践的に売買の練習ができる「デモトレツール」を開発し、ゲーム感覚で実際に売買をしているように利益がパッと見て理解できるツールを開発しました。

デモトレツールだと、チャートギャラリーにはできない利益の自動計算が可能です。チャートギャラリーで利益を計算する場合は、自分で差額分を計算する必要がありましたが、自動で表示されるので、非常に効率的です。

また、本書でも何度もお伝えしておりますが、株式投資で結果を出すには、練習が必要不可欠です。その練習を少しでも楽しく、気軽に行っていただくためにデモトレッツールを開発しました。普段は僕のスクールの受講生限定に使えるツールですが、今回本書を読んでくださった方限定に、御礼をこめてデモトレッツールをプレゼントすることにしました。（利用期間が限定されているモデルをお渡しします）

もちろん、チャート練習が初めての方でも、過去のチャートも見れて、チャートに慣れる練習にもなるので、ご安心ください。

こちらのQRコードを読み取っていただくことで、メールアドレス宛にデモトレッツールと使い方を収録した動画をお送りするので、ぜひ手にとって練習してみてください。もちろんどんなやり方で練習するのか？　というのは、この書籍に載っているノウハウや、無料でトレード手法が学べるオンライン講座もご用意しているので、見てみてください。

上記の QR コードを読み取るか、
下記のURLからアクセスしてください。
https://misawatakanori.net/link/bookline

Q　三澤流テクニカル指標の「設定値」を知るためには？

A　LINE公式アカウントに登録して、通知を受け取ってください。

本書の解説で、私が普段使っているチャート画面と同じ設定ができたかと思います。ただ、これだけではまだ完璧とは言えません。

「はじめに」でもお伝えしましたが、表示させるテクニカル指標の「設定値」を細かく設定する必要があります。たったそれだけで勝率に大きな変化をもたらすものなので、非常に重要なポイントです。しかし、それらを本書で説明したいのですが、記載できるボリュームにも限りがあります。

ですので、三澤流のテクニカル設定値をYouTube動画にて公開することにしました！

入手方法はとても簡単です。まず、私のLINE公式アカウントにご登録ください。前ページに掲載してあるQRコードを、お手持ちのスマートフォンで読み取ってください。

そして、「トークを追加する」を選択して登録いただき、「チャートギャラリー」とメッセージを送ってください。そうすれば、テクニカル設定値を説明した動画を、あなたのLINEにお送りいたします。

Q　会社に勤務していて、売買の時間をあまりとることができません。勤務の合い間というのも難しいです。それでも株式投資を行うことは可能でしょうか？

A　全く問題はありません。1日に10分で大丈夫です。

よくされる質問の一つですね。そう考えてしまうのは、株式投資へのある種のイメージを強く持っているからではないでしょうか。たしかに株価自体は、刻々と動いているものです。上がったり下がったりを繰り返しています。

今ではパソコンやスマホの画面上で、そうしたチャートの変化を見ることもできます。だから、それを追いかけていないと株の売買はできないんじゃないか、売り時、買い時を逃してしまうんじゃないかと思うんですね。でもそれは大きな誤解です。

私のやり方は、売買したいある銘柄のチャートを見て、ここで買おう、売ろうと決めてエントリーするものです。リアルタイムに追い続けて取引しているわけではありませんし、そもそも私自身、日中、ひたすら画面を見て取引するような生活をしておりません。

ですから、「忙しいからできない」ということは全くないと断言できるので、その点は安心してください。

1日に10分あれば、大丈夫ですから。

おわりに

教員時代に思い描いていた「自分のスキルで食べていく」という目標は、2016年に専業トレーダーとして独立した段階で、ある程度達成できたと感じていました。

一方で、当時はチャート画面に一日中張り付いていたため、以前のように人と全く顔を合わせない日々が続いていたので、「このままではまずい」と感じて、異業種の人が集まるビジネス交流会などにも顔を出すようになったのです。

ただ、交流会の参加者はサラリーマンや、士業などの肩書を持つ人がほとんどで、トレーダーとして参加しているのは私だけでした。そのため、参加していた公認会計士の方に職業を聞かれて「トレーダー」と答えると、露骨に毛嫌いされてしまい、それは今でも強く印象に残っています。

この出来事が、現在、私が「兼業投資家」として活動するきっかけとなっています。トレーダーとして、自分の生活を充実させるために稼ぐことはもちろん、職業としてやるからには「世の中の役に立つもの」にしたいと考えるようになったのです。具体的には、金融リテラシーを育てて広げることや、株式トレードの魅力を伝えるといったことです。私自身が、株式トレードを通じて生活の選択肢が増えた、という実体験があるからこそ、次は私がそれを伝える番だと決意したのです。

そうした思いがあり、2017年6月から、トレードの技術を人に教えるという活動を始めました。

今後、AIやIT技術が発展してくと、社会の仕組みがより効率化され、世の中でなくなる仕事が増えていくでしょう。特に、機械が代替可能な単純労働は真っ先に淘汰されていきます。そうした状況の中で、我々ができるのは、機械ではできない稼ぐための方法を見つけて、その中で自分のスキルを高めることです。株式トレードはまさにそうした手段の一つなのです。

また、特定の分野でスキルを高めることができれば、それを人に伝えることができます。そして、それを受け取った人がスキルを高めて、また誰かに伝える……という循環ができれば、そこに関わるすべての人の選択肢を一つ増やすことにつながるのです。

トレーダーという生き方は、一見、個人の中で完結しているような印象があります。しかし、そこに「伝える」という行動が加われば、世の中に貢献できるのです。

ただ、そうした活動をしている中で「日本人はお金の話がタブーになる」ということを強く感じました。２０１７年からこれまで、ＷＥＢでの集客などは一切やらずにやってきましたが、日本では他人とお金についての真剣な議論をすることは避けられる傾向にあります。

そうした気質が関係してか、金融に関する話題は口コミで広がりづらいのです。そのため、より広く私の活動を知ってもらうために始めたのがＹｏｕＴｕｂｅだったのです。

今後は、より、ＹｏｕＴｕｂｅやスクールといった「伝える」活動に力を入れていきたいと考えています。もちろん、同時に株式トレードも継続していくことになりますし、こちらが土台です。こうした「兼業投資家」としての活動に専念できるのも、時間的な余裕を確保できるトレード方法を確立できたからこそです。

その意味で、本書をきっかけに株式トレードを始める皆さんには、専業よりも兼業投資家を目指して欲しいと考えています。本業の収入を確保しつつ、ギャンブルにならない堅実なトレードスタイルで、皆さんの生活の選択肢を少しでも増やすようなお手伝いができれば幸いです。

株の練習ができる デモトレツールを プレゼント

①▼QRコードを読み取ります。

②受講申請フォームに名前とメールアドレスを
入力して送信します。

③メールアドレスにデモトレツール登録のリンクが送られてくるので、そちらから登録しお楽しみください。

ツールの特徴

- ✓ ゲーム感覚で楽しくできる
- ✓ お金を入れた感覚で練習ができる
- ✓ 三澤流テクニカル指標が設定済み

三澤たかのり（みさわ たかのり）

株式会社 Jinrikisha 代表取締役。 累計2,000名以上の生徒が在籍する株式投資スクールの講師。 会社の決算情報や雇用統計などの難しい情報を一切見ない、 チャートを見るだけのシンプルなトレードスタイルから「チャート波形専門家」と呼ばれている。
現在では「Swing Trade Master Club」という株式投資スクールも立ち上げており精力的に活動中。 その傍らで、 2019年の8月に立ち上げた YouTube チャンネル「なるほど株大学」は、 たった4ヶ月半でチャンネル登録者数が10000人を突破。 日々、 自身のトレードノウハウや相場解説を更新する、 YouTube の中でも屈指の人気の株専門チャンネルに成長している。

元教師が教える 1日10分で稼げる
世界一やさしい株式投資法

2023年3月1日　初版第1刷発行

著者／三澤たかのり

印刷所／中央精版印刷株式会社

監修／一般社団法人マネーアカデミー

〒150-0043 東京都渋谷区道玄坂1-12-1 渋谷マークシティW22階

一般社団法人資産運用コンシェルジュ

〒150-0046 東京都渋谷区松濤1-28-2

発行・発売／株式会社ビーパブリッシング

〒154-0005 東京都世田谷区三宿2-17-12　tel 080-8120-3434

ISBN 978-4-910837-07-9　C0033

※投資の最終判断は、ご自身で行っ ていただきますようお願いします。
※本書の内容に従って投資を行い、損失を出した場合も著者及び発行元はその責任を負いかねますのであらかじめご了承ください。
※本書は特定の金融商品を勧めるものではありません。

※本書は、2020年10月刊『元教師が教える たった1年で資産が26.6倍になる株投資法』（Clover出版）の内容を一部刷新し、改変・新版としたものです。